STUDIES ON THE ENGLISH CRIMINAL JURY SYSTEM

英国刑事陪审团制度研究

李美蓉 著

知识产权出版社
全国百佳图书出版单位
——北京——

图书在版编目（CIP）数据

英国刑事陪审团制度研究/李美蓉著. —北京：知识产权出版社，2022.7
ISBN 978-7-5130-8182-5

Ⅰ.①英…　Ⅱ.①李…　Ⅲ.①陪审制度—研究—英国　Ⅳ.①D956.162

中国版本图书馆 CIP 数据核字（2022）第 087021 号

责任编辑：韩婷婷　　　　　　　责任校对：谷　洋
封面设计：乾达文化　　　　　　责任印制：孙婷婷

英国刑事陪审团制度研究
李美蓉　著

出版发行：知识产权出版社 有限责任公司　　网　　址：http：//www.ipph.cn
社　　址：北京市海淀区气象路50号院　　　　邮　　编：100081
责编电话：010-82000860 转 8359　　　　　　责编邮箱：176245578@qq.com
发行电话：010-82000860 转 8101/8102　　　发行传真：010-82000893/82005070/82000270
印　　刷：北京建宏印刷有限公司　　　　　　经　　销：新华书店、各大网上书店及相关专业书店
开　　本：720mm×1000mm　1/16　　　　　　印　　张：10
版　　次：2022 年 7 月第 1 版　　　　　　　印　　次：2022 年 7 月第 1 次印刷
字　　数：160 千字　　　　　　　　　　　　定　　价：59.00 元
ISBN 978-7-5130-8182-5

—— 谨以此书献给我的母亲王春英女士 ——

前 言

一、研究的缘起

英国人民的自由，之所以能够长久得以保障，就是因为，陪审团，神圣而不可侵犯。陪审团，如同照亮自由之明灯。❶

陪审团是什么？早期的英国，在 1066 年前后，陪审团是国王用来课税的证人，也就是那些可能知道已发生事实真相的人，或者说，是在审判前被假定能够查出事实真相的人。现代的陪审团，是不知案件事实的裁判者，由在刑事法院随机抽取的 12 个正直公民组成，在法官的指引和协助下，负责审理可公诉犯罪案件（trial on indictment）和两种法庭皆可审理的犯罪案件（offences triable either way）❷，以判定犯罪是否成立，被告人有罪与否。

为何要谈陪审团？

一方面，相较于其他方面，陪审团制度（简称"陪审制"）可谓是评论和研究刑事司法制度的首选对象。每个人对此都有着自己鲜明的立场而很少有中立者，包括记者、政客等许多外行人士，都如同专家学者那样固守着自己的观点，正如鲍尔温和麦康维尔所言："陪审团，简直可以说是激起了歇斯底里的争论。"❸ 关于陪审团，若从广义的以人民为裁判者的角度上，最早可追溯至古希腊罗马法，但现代的陪审制，自然是渊源于 11 世纪前后由英国发展而来的陪审制，之后移植甚广，包括许多新兴的英语语系国家及部分大陆法系国家。时至今日，全球已有 52 个国家和地区采用源自英国的陪审团制

---

❶ Neil Vidmar & Valerie P. Hans，*American Juries*，（New York：Prometheus Books，2007），p21.

❷ 在刑事法院审理的案件主要有两种：一种是可公诉犯罪案件，只要被告人就其中一项或几项控罪做无罪答辩，全案皆适用陪审团审判；另一种是两种法庭皆可审理的犯罪案件，其中大部分适用简易程序处理，但被告人和法官之中只要有一方要求适用陪审团，此案就将交由陪审团审理。

❸ John Baldwin and Michael McConville，*Jury Trials*（Oxford：Clarendon Press，1979），p1.

i

度。虽然关于陪审制的争论从未停歇，但陪审团自古以来，就被作为保护公民个人权利以抵抗国家力量的重要武器，直至今日，也依然被视为公民直接参与司法从而增强司法公信力的最有效的途径，是司法民主化最广泛的参与形式，是正当程序最强有力的保障。甚至可以说，现代法学的许多重要原则和规则，都根源于此。因此，研习陪审团，尤其是英国陪审制，可谓是了解国际社会的必经之路。

另一方面，随着司法改革步伐的加快，对于陪审制问题，中国虽尚处于争论阶段，但无论学界还是实务界，都给予了广泛的关注，出现了大量的研究成果，其中不乏优秀之作。总体上看，存在以下不足：就研究目的而言，学者们大多是通过法系比较从而将落脚点放在对中国人民陪审制的重构上，而很少有暂时撇开中国引进与否的纠结，转而将一国陪审制的客观介绍作为主要目的。就研究范围而言，这些论著大都比较关注陪审团的法系比较，或者是英美陪审制与大陆参审制的类型比较。当然，其中也会有将某一国陪审制予以专章介绍，但多半只是将其作为法系或类型的主要代表国家而进行的。这类比较研究，自然是具有高度和广度的，但囿于篇幅很难将研究深入下去。又或者说，著者们所进行的比较，大多是作为论著的几章或者说是一个部分去进行的，而很少有将比较作为一种方法贯穿整个研究，在论及一国陪审制的细节处，对其他国家有所提及，目的是以此阐明这一细节特征。就研究重点而言，有偏于历史文化者，有重于民主宪政者，而极少有专注于对技术和规范的介绍、对现实的介绍、对细节的介绍。现有著作中，有一些翻译著作，学术价值极大，但终归是译作。因此可以说，在我国，能够撇开移植与否，而专注于陪审团、专注于陪审制鼻祖的英国、专注于英国陪审制的规范细节的研究，尚不多见，本书试图弥补这一缺憾。

二、研究范围

首先，关于陪审团地域的界定。"英国"，全称为"大不列颠及北爱尔兰联合王国"，由四个地区和三大法律体系组成：第一，英格兰法（English Law），普通法的代表，适用于英格兰及威尔士地区；第二，北爱尔兰法（Northern Ireland Law），遵循普通法基本原则，适用于北爱尔兰地区；第三，苏格兰法（Scots Law），以大陆法为主要特征，同时混合着一些普通法元素，是典型的多元型法律体系，适用于苏格兰地区。由于以上三大法律制度各自有着独立的司法体系以及独特的历史传统和发展道路，差异很大，因此，若无特别说明，本书所称的英国，仅指英格兰及威尔士地区。

其次，关于陪审团形式的界定。英国陪审制在经过几百年的发展后，除了审判陪审团，还有很多其他的形式，例如验尸陪审团或称为调查死因陪审团，亦即，负责对突然死亡进行调查的验尸官，能够且在有些情况下必须去召集陪审团进行死因调查的审问，陪审团在听取证据后，对于死因做出裁决，并由验尸官负责记录这一裁决，著名案例如陪审团对于戴安娜王妃和 Dodi Al Fayed 的死因做出的裁决。但是，鉴于本书的研究主题为审判，因此，若无特别说明，本书的陪审团仅指审判陪审团，而不再涉及其他形式的陪审团。

再次，关于陪审团审判范围的界定。在英国，无论刑事还是民事案件，普通人都可以成为事实的裁判者。在刑事案件中，陪审团只需对被告人做出"有罪"或者"无罪"的裁定，量刑则由法官负责；在民事案件中，陪审团则决定支持原告还是被告，如果支持原告，则还需对相应的损害赔偿数额做出决定。但自 20 世纪初，民事陪审团审判几乎消失殆尽，到现在，每年至多审判几百件案件，且仅在诽谤等几类特殊案件中适用。而且，民事、刑事案件陪审团的审判方式也差别很大，例如，一般来说，民事陪审团的规格为 8 人，而刑事陪审团则为 12 人。再如，在民事案件中，若裁决不正当，则可以经上诉程序予以推翻；但在刑事案件中，虽然法律上的争点可能会由检察官在报告中阐明，但是对于无罪开释判决，无论如何都不能通过上诉予以推翻。因此，本书拟将探讨范围限定在刑事诉讼领域，若无特别说明，本书中的陪审团仅指刑事陪审团。

最后，关于陪审团研究内容的说明。"接受同侪审判"是一项古老的权利，在英国，也已经存在至少八个世纪了，对英国司法制度的影响，体现在各个方面。但是，本书不是教科书，因此论著研究的重点在于陪审团的具体运行规则，而非面面俱到。另外，总结归纳出陪审团的现实应用规则仅是研究的第一步，还要上溯梳理出陪审团的历史及早期样态有哪些，而现实中具体到每一规则又曾有过哪些变革以成就出今貌。更重要的是，要对最新的改革资讯进行权威的探明和阐释，亦即，分析当下规则中存在的问题、厘清各派间的争议、阐明未来改革方向和发展趋势。而这，也恰是本书的创新特色所在。

三、主要内容

陪审团作为英国司法制度的核心基石，不仅是司法民主化和多元化的象征，为整个司法制度提供了正当性，而且对政府起到监督制衡的作用，以保障被告人获得公平审判。因此，虽然英国陪审制近年来历经沉浮，但至今仍有相当多的专家及民众在虔诚地信仰着，其被誉为正当法律程序的典范。然而，这种由普通大众做出裁决的陪审制，对于实行职权主义诉讼模式和人民陪审员制度的我国而言，是分外陌生而又似乎熟悉的事物。本书无意于纠结中国是否应当引进，而是力求将陪审团这一陌生事物予以客观性呈现。因此，本书以翔实的原始英文资料为基础，以实证和比较为主要研究手段，并辅以大量的案例评析，阐明英国刑事陪审制的具体运行规则、面对的困境及未来的改革，以期抛砖引玉。

本书除前言外分为八章。

首先是前言。笔者阐释了写作目的和意义，介绍了相关研究现状；界定了研究探讨的范围，并对一些概念进行了解释和说明；概述了写作脉络与主要内容；最后是本书的主要研究方法，以及一些创新特色。

第一章为"陪审团之概述"。陪审团不是一个凭空出现的理论或者概念，而是一个历经了几百年，到现在依然在实际运行着的根基性制度。因此，本章的核心任务是通过对陪审团历史渊源的考察和早期样态的回顾，澄清陪审团的根本定位，阐明陪审团的现实样态，从而使读者对陪审团有一个整体性的认识，为后文的论述奠定基础。本章分为四节。第一节为"陪审团的历史渊源"，按照陪审团发展的时间轴顺序，厘清陪审团的发展脉络。第二节为"陪审团及其审判的早期样态"，通过查阅当时的原始资料，探明早期的陪审团审判（尤其是 18 世纪末以前），无论是审判程序、陪审团独立性还是被告人保护等方面，都迥异于今天的概念。第三节为"陪审团审判与宪法性权利"，从历史学和法律学的角度，阐明《1215 年大宪章》不是陪审团审判的宪法根基，接受陪审团审判也不是一项宪法性权利，从而打破传统上对陪审团审判定位的误解。第四节为"陪审团的审判角色"，在厘清陪审团审判的历史和定位的基础上，通过对陪审团做出裁决的义务和独立性，以及向陪审团提交证据和陪审团裁决神圣不可侵犯等方面进行考察，展现出当下陪审团审判的整体性样貌。

第二章为"陪审员之资格"。本章的核心任务是阐明担任陪审员的一般资格和裁量推迟、免除等例外情况，以及与此相关的最新改革资讯和争议结果。本章分为两节。第一节为"一般资格"，通过取消财产限制和一系列不适任及豁免权，确立了年龄、选民登记册及居住等条件作为一般资格的规定，扩大了公众的参与。第二节为"例外情况"，不能够担任陪审员的特殊条款，包括精神障碍、不合格、裁量免除和推迟、身体残疾以及能力不足。

第三章为"陪审团之选拔"。本章的核心任务是按照陪审团选拔的时间先后顺序，辅以一系列典型案例，阐明陪审团选拔程序的具体操作步骤，以及与此相关的改革争议和结果。本章分为两节。第一节为"庭外选拔"，即在审判法庭之外进行的候选陪审员的选拔，包括建立陪审员总名册和随机挑选可能的陪审员名单。第二节为"庭内选拔"，即进入审判法庭之后的正式陪审员的选拔，包括抽签选任陪审团和申请陪审员回避（其中包括辩方无因回避的废除、检方要求陪审员"等候安排"、控辩双方有因回避和陪审团审查程序四个方面）。

第四章为"陪审团组成对裁决之影响"。由于对陪审员选拔随机性的盲目追求，导致对于陪审员组成的忽视，而这又会相当大地影响到陪审员摒弃偏见做出公正裁决的可能性。因此，本章的核心任务是阐明陪审团的组成，也就是陪审员的个人特性有哪些，及其各自对裁决所产生的影响，并辅以一系列典型案例，以及与此相关的改革争议和结果。本章分为四节。第一节为"陪审员的性别"。第二节为"陪审员的年龄"。第三节为"陪审员的社会、经济地位"。第四节为"陪审员的种族"。

第五章为"法官之角色与职责"。陪审团审判的准确表述应是"陪审团与法官审判"，如果忽略法官在诉讼中的重要作用，则根本无法完整地讨论陪审团审判。因此，本章的核心任务是阐明陪审团与法官之间的角色分工及其互动，并辅以一系列典型案例，以及与此相关的改革争议和结果。本章分为六节。第一节为"在法律事项上指引陪审团"。第二节为"协助陪审团做出事实决定"。第三节为"指导陪审团做出无罪开释"。第四节为"指导陪审团做出有罪判决"。第五节为"法官与陪审团之间的交流"。第六节为"法官指示的不足与改革"。

第六章为"陪审团之审议"。本章的核心任务是阐明陪审团审议的规则、模式及秘密性原则,并辅以一系列典型案例,以及与此相关的改革争议和结果。本章分为三节。第一节为"保障审议的规则",包括防止陪审团审议期间受到外界干扰的规则以及审议前讨论的规则。第二节为"审议的模式",具体将从两个方面进行论述,包括陪审员(个人)裁决的模式即能够反映出陪审员在做决定时的思维过程的模式,以及陪审团(集体)审议的模式即陪审团为达成一致裁决而在群体内部进行协商的模式。第三节为"审议的秘密性",即陪审团审议秘密不得对外泄露的原则,具体将从普通法陪审团审议秘密规则、例外、《1981 年藐视法庭法》第 8 条,以及普通法规则与《1981 年藐视法庭法》第 8 条之间的关系共四个方面进行论述。

第七章为"陪审团之裁决"。本章的核心任务是阐明陪审团做出裁决的规则,探明陪审团裁决的无因性及衡平,并对陪审团的裁决质量做出分析和评价,与此同时,辅以一系列典型案例,并厘清与此相关的改革争议和结果。本章分为四节。第一节为"陪审团裁决的规则",包括做出大多数一致裁决的规则、解散陷入僵局的陪审团所应该遵循的规则,以及接受陪审团裁决的规则。第二节为"陪审团裁决的无因性",即陪审团不需要也不可以就裁决的原因进行解释。第三节为"陪审团衡平",即陪审团有不顾法律而秉持自己的意识的自由,其中将从陪审团衡平对裁决质量的影响,以及陪审团衡平的正当性,共两个方面进行阐述。第四节为"陪审团裁决的质量",在对评价陪审团裁决质量所使用方法进行分析的基础上,重点介绍三个关于陪审团裁决质量品评的代表性研究成果。

第八章为"陪审团之改革"。关于陪审团的褒贬之争从未停歇,且近年来陪审团审判似乎愈发萎靡,未来对陪审团进行改革已成必然。因此,本章的核心任务就是重点梳理两项改革计划,以及关于陪审团存废之争,阐明不同声音及相互间争论,并辅以一系列典型案例。本章分为三节。第一节为"被告人审判模式选择权",即关于剥夺两种法庭皆可审理犯罪的被告人,既可选择在治安法院由治安法官审判,也可选择接受刑事法院陪审团审判,这一选择权的改革。第二节为"法官独任审判",即关于对本应采用陪审团审判的可公诉犯罪,改采法官单独审判的改革。第三节为"结论",即通过对陪审团审判存废两派观点进行辩驳和分析的基础上，得出结论：陪审团制度并不完美，甚至可以说还有很多内在缺陷，然而，公众却依然对陪审团有着极大的信赖。因此，英国陪审团制度需改革，但不可废。

四、研究方法

笔者不敏，就本文之研究，拟采比较研究法、实证研究法、判例研究法、文献研究法、历史考察等研究法。

首先，说起法学研究的方法，一般都会提到比较研究，甚至可说这是很多研究都会使用到的方法，本书也不例外。通过比较，确实有助于阐明英国陪审制的特点。但是，陪审团审判制度传播范围甚广，不仅遍及英美法系国家，还被大陆法系许多国家引入改良后实施，这就牵扯到比较对象的选择问题。由于本书主题限定为英国，而大陆法系国家的参审制与其差别极大，也非本书主旨所在，因此书中将很少言及大陆法系国家，而是将比较对象限定在英美法系国家之内。然而受篇幅所限，不可能顾及英美法系中的每个国家。而且，虽然陪审制的鼻祖是英国，但世界上80%以上的陪审团审判都发生在美国，而美国的陪审制又与英国在许多方面反差很大（如陪审团选拔程序）。因此，相较于英国，美国陪审制度极具代表性，当言及英国陪审制的具体特点时，将美国作为主要的比较对象，通过对两国不一致之处做出详细的对比，必有助于英国陪审制的立体呈现。反之，由于两国陪审制一脉相承，而二者又同处于被废除的危机之下，因此将两国进行比较研究，必有助于找出陪审制的共同规律，从而给陪审制一个公平的改革机会。当然在某些方面，还可能提及新西兰、澳大利亚、加拿大等国的研究。

需要说明的是，由于美国从殖民地时代起就继受了英国的陪审制，对于中国学者来说，往往将其合并称为"英美"陪审制而与大陆法系或其他国家去比较，却忽略了二者之间的区别，因此就这两国间的陪审制进行比较者实在不多。另外，本书非如一般论著将比较研究集中作为一个部分，而是在论及英国陪审制的具体方面时，将"比较"作为研究方法，贯穿整个研究。

其次，陪审制不是一个想象中的新兴理论模型，而是一个历经了几百年变迁依然在运行的现实制度，因此，单靠研习文献资料是远远不够的，奉行实证主义至关重要。笔者在英国访问期间，数次亲临陪审团审判第一现场，不仅观摩体验了控辩双方的激战，更是悉心观察记录了诉讼参与人尤其是陪审员的状态包括表情变化；不仅访问了刑事法院，还到治安法院进行了认真的旁听，通过对英国两级法院法庭的对比分析，从而对陪审团审判有了更为深入的理解；不仅访谈了辩护律师和皇家检察署检控律师，从而对于辩护制度和检控制度各方面进行了深入的了解和分析，更是在律师的帮助下，通过问卷等形式，对于案件的被告人和受害人，连同旁听席上的家属和记者，逐一进行了访问；甚至，还来到法庭后面的法官办公室，了解到法官对于陪审制各方面的感受和看法。❶ 更重要的是，笔者在参访期间，并不是一个单纯被动的旁听者，而是分别跟随控辩双方律师实际办案，深入幕后，比如，访问了律师准备室，知晓了律师进入法庭前的状态和准备工作；目睹了双方达成"辩诉交易"❷ 的整个过程；还跟随律师坐到辩护席上或者检控席上，与律师在庭审现场进行实时的交流提问。除旁听了多场庭审，还参加了法学课程和学术会议，并专访了多位著名的法学家，得到了关于理论和实践多层面的思考和印证。可以说，对于英国陪审制，笔者进行了全方位的实证研究。

再者，判例法发端于英国，是英国法律的重要法源之一，因此，无论是法学研究还是司法实践，查找并援引相关判例绝对是必不可少的。❸ 但是，英国判例法历史悠久、体系庞大，不仅相关文献种类繁多，而且涉及很多特定

---

❶ 在英国，对于法官与外界的接触，哪怕仅是邮件上的联络，都有一系列限制。因此，要想采访到法官本人，可以说是一件很不容易的事情。

❷ 辩诉交易，是美国法的一项规定，英国有与之类似的制度，一般是在答辩和案件管理程序（Plea and Case Management）中进行。简言之，在正式审判开始（尤其是在 12 名陪审员正式入席）之前，被告人如果认罪，控辩双方达成一致后，法官一般会给其减刑；在审判开始之后，被告人依然可以认罪，只是一般没有"减刑"（Discount）一说。在英国，大部分刑事案件（约95%）是在治安法院得到处理，即使到了刑事法院，也多是通过有罪答辩予以了结，所以在英国真正进入刑事法院接受陪审团审判的刑事被告人很少，大约只有 1%。另外，辩方律师会审时度势，如果认为认罪会更有利于被告人，则有义务告之利弊；但如果被告人坚持不认罪，则尊重被告人之意进行开庭审判；而如果被告人改变主意想要认罪，只要是在正式审判开始之前，被告人就有机会获得减刑。协商的过程一般是，由辩护律师与控方律师负责协商，如果被告人想要认罪，则控方一般会同意，之后由控方律师找到法官沟通，然后将法官意欲减刑的口头承诺再告知辩护律师，由辩护律师反馈给被告人，由被告人做出最后决定。这时被告人如果认罪，法官一般会在之后的量刑程序中，遵守之前的口头承诺予以减刑。

❸ 笔者在访英期间，对此体会颇深。例如，庭审现场对相关判例的援引激战；法官和律师案头堆积成山的判例文献；就连老师在课堂上的教授方式也颇具特色，极少出现照本宣科的现象，哪怕只是一个很小的知识点，都需要了解大量的判例，因此课堂所包含的信息量极大。这也就能解释为什么图书馆上座率最高的一定是法律系学生，因为如果不做好充分的课前准备，而且之后花费相当的时间去消化，上课就如听天书般，不可能学到什么的。

背景知识，因此查找和翻译起来相当困难，着实需要花费一番力气。本书大量地采用了判例分析的研究方法，在介绍或论述一个规则或要点时，基本都结合有相关的判例进行分析，全书共涉及判例一百多个，可以说，如此大规模的判例研究，并不多见。而且，书中所引用的案例全部源自英国最权威的判例法文献和检索类工具书，并坚持多角度、多层次地进行分析，尽可能将案例全面且简洁地援引过来。

　　另外，搜集、鉴别和整理文献资料，是最为古老的研究方法，也是法学研究应用率最高的方法，尤其是对陪审制这一研究对象极为陌生的外国学者来说，其必然是研究之首选。在踏入英国国土以前，笔者也像很多人那样认为，既然英国是现代陪审制的鼻祖，那么这方面的研究资料一定多如牛毛。然而现实是，在《1981年藐视法庭法》（*Contempt of Count Act*，1981）第8条等诸多因素的作用下，在英国，能够查找到的或者公开出版的专题研究，较于其他国家并不丰富。至于专著，尤其是近40年，极为罕见。❶ 这就意味着，没有现成的资料可供直接转译，起码对于笔者来说，只能通过查阅和整理散落于教科书和期刊文章中的各种资料，逐一进行对比、汇总和进一步的考察，从而拼接和串联出一幅关于英国陪审制的整体画面。而且，正因为陪审制的核心和根基性地位，其必然涉及如宪政、历史等许多其他专业领域，再加上用语的晦涩难懂，因此要想做到准确地理解和翻译，相当不易。尽管如此，本书依然坚持全英文研究，且尽可能找到第一手原始资料，逐字逐句予以援引。而且，为方便读者进一步查阅和研究，对于所引用的和具代表性的重要著作及文章，均在注释处逐一标记。在此感谢诸位书籍作者的卓越工作。

　　还有，研究社会科学，不宜采用试验的方法，因此若能从历史的角度来考察一项社会制度，实为发现真实的必要方法。❷ 因此，本书在首章中就对陪审团的历史渊源进行了考察，但由于此乃法史宪政家之专长，因此按时间轴顺序对陪审制发展脉络的梳理，并非本书的研究重点。本书特色在于，通过对陪审团早期样态的回顾和对陪审团根本定位的澄清，阐明陪审团的现实样

---

❶　在其他国家，关于陪审团的专题研究可能已经很成熟，尤其是美国。虽然英美同属一个法系，且美国陪审制是由英国而来，但面貌已经差别极大，因此对于美国资料只能是就某个方面进行比较使用，而无法作为研究英国的直接资料。

❷　Esmein A.，*A History of Continental Criminal Procedure with Special Reference to France*，（Boston：Little，Brown，and Company，1913），p570.

态，从而对陪审团形成一个整体性的认识。另外，本书还采用了一些心理学研究方法，主要是用于对陪审团组成、审议和裁决部分的研究。

最后，本书的作成，要感谢知识产权出版社的全力协助，还有各位师长，特别是熊秋红老师、Kiron Reid 老师、甄贞老师、陈卫东老师、王兆鹏老师，在我离开校园后仍不断给予我鼓励与启迪，以及我可爱的家人一直以来对我的支持和关怀，也是功不可没，一并致谢。因本身学能有限，所为论述或有不周之处，敬请方家见谅指正。

目 录

第一章

陪审团之概述

第一节 陪审团的历史渊源

英国陪审团制度，最早可以追溯到 1066 年诺曼征服之前，而陪审团一词，也是源于法语"je jure，I swear"（即"我宣誓"），是当时的法兰克王国为解决土地纠纷而召集邻人宣誓作证的制度。可以说，早期的陪审团与司法诉讼并无任何关系，它只是帮助政府进行统治的一种行政手段。因为在那时，想要让一个人说出事实的最好方式，就是让他发誓，当然这恐怕无法适用于今天。依据 19 世纪法学家拉德布鲁赫和梅特兰的描述，早期的陪审员，是那些在全国土地清查过程中，由国王召集起来发誓作证提供信息的当地知情人士。证人宣誓作证的供词，会记录在土地调查清册上，以作为国王课税的依据，因此也被称为"末日裁判书"（Domesday Book），于 1086 年由威廉一世颁布钦定。[1]

直到一百年后亨利二世的司法改革，陪审团才被首次应用到刑事诉讼中。1166 年，亨利二世颁布克拉伦顿法令（*the Assize of Clarendon*），规定国王为了公平正义，有权从当地选出陪审团用以稽查当地的犯罪。在现代警察组织（一支付薪的警察武装队伍）被创设前的几个世纪里，这种社区团体担负着执

---

[1] Neil Vidmar & Valerie P. Hans, *American Juries*, （New York：Prometheus Books, 2007）, p24; Carl F Stychin and Linda Mulcahy, *Legal Methods and Syetems* (4th, edn., Oxford：Oxford University Press, 2010）, pp338-339.

行法律和命令的责任，亦即，当地的陪审团在逮捕犯罪嫌疑人之后，将其送交法官面前，并像控方证人那样宣誓被告人有罪，而这种当地调查也导致了验尸调查制度的出现。但是，此时的陪审团并不是审判程序本身，其角色介于后来的警察和检察官之间，而司法仍然是采用决斗或神明裁判的形式，这种充当控诉人作用的陪审团，就是今天大陪审团（the Grand Jury）的雏形。❶

1215 年，教皇诺森三世颁布法令，禁止神明裁判。或许是由于英国人比诺曼人矮小，决斗裁判在英国并不盛行，因此，法官需要找寻其他方式以代替神明裁判，于是他们转向了陪审团，让被告人接受同侪或称邻人审判。这些邻人或称陪审员，其实就是证人，根据自己的所知作证，根据自己看到或听到的（无论是二手或三手资料）作证，国王的法官再根据这些证词来下达判决。但是，如果被告人拒绝接受邻人裁判，则会被认为有罪而非否认犯罪。这种规则直到 1872 年才有所改变，而且，法官通常都会采用各种劝诱方式如酷刑，以使被告改变主意，如《1275 年威斯敏斯特法》（Statute of Westminster, 1275）规定，如果重罪被告人不接受陪审团审判，则可给以严厉羁押，也就是刑讯逼供，如在被告人身上放置重石，这种刑求直到 1772 年才被禁止。然而，依然有很多勇敢的人，宁可死于劝诱酷刑，也不接受邻人审判，因为这样起码可以保住财产以留给家人。此时的陪审团，虽然依旧是用自己的知识来决定事实的证人，但在功能上，却逐渐不同于大陪审团。这种负责裁量事实的陪审团，也就是今天小陪审团（the Trial Jury）的雏形。

这种早期的小陪审团，由 12 个陪审员组成，但这些成员又往往是由负责控诉的大陪审团而来，这就意味着，他们早先已经看过了证据进而做出了起诉决定，因此，必定会认为被告有罪。这种大、小陪审团成员混用的情形，至少持续到 15 世纪，小陪审团才逐渐演变成一个独立判断案件事实的实体，

---

❶ 由 24 名成员组成的大陪审团，仅出现在巡回法院或者季审法院诉讼程序开始的阶段，为的是裁决刑事起诉书的真实性。既然被告人之前经历了治安法官的初级聆讯（或译为"初查"），治安法官也已经审问了该起诉案件并决定将其交审判，因此，大陪审团的决定就成为一份完整的正式手续。在英国，大陪审团在《1948 年刑事审判法》中已经被废除，而在美国的某些司法案件中，其得以继续保留，负责起诉被告。与此同时，亨利二世也将陪审团用于民事诉讼。在民事案件中，陪审团似乎起源于 1166 年的克拉伦登巡回法院（the Assizes of Clarendon），以及 1176 年的北安普敦巡回法院（the Assizes of Northampton）。在中世纪时，陪审团被用于裁决涉及土地的所有权和租用权，以及圣职授予权的民事纠纷，并建立了大陪审团和小陪审团。陪审团起初是用个人固有的知识决定案件，但是经过一段时期，他们就变成了事实的裁决者。这种制度要求将审判分为两个部分，首先，这一当地的陪审团负责听审并处理案件，然后，其裁决被送交给威斯敏斯特的法官，并在那里予以宣布。

而并非直接或间接地知悉案件。

经过几个世纪的发展，大概在 15 世纪末期，或者准确地说是 16 世纪初，陪审团由主动依赖自己的固有知识，逐渐转变为被动依靠证据审查事实，成为现代意义上的陪审团，亦即，不知晓案件事实的中立审判者。但是，关于这种变革的时机或者原因，无论学界和还是实务界，都没办法给予很好的解释。❶

第二节　陪审团及其审判的早期样态❷

美国芝加哥大学教授约翰·朗本，在 1978 年的著述中写道，通过对《中央刑事法庭会议记录》（*the Old Bailey Sessions Papers for the period 1670−1730*）进行研究发现，那个时期的刑事审判诉讼程序，是以一种在现在看来极为不合适的方式进行的。《中央刑事法庭会议记录》被称为"小册子（Chap Books）"，是由非律师撰写并卖给普通公众，每一个小册子都叙述了在当时是近期案件的具体细节。这种小册子从 1674 年开始延续了两个半世纪，期间版式和功能不断变化，到了 17 世纪 80 年代中期，转为以报纸的形式按期出版，记述了大量案例，中央刑事法庭一年中有 8 次会议，每次都有 1 份会议文件。在早期，这种小册子包含 4 页，并且每件事都高度精炼，到 18 世纪 20 年代扩展至 8 页，到 18 世纪 30 年代扩展至 20 页。由于它主要是由外行人撰写，因此可能并不是研究司法制度最理想的原始资料，但是朗本认为，这种小册子是研究英国普通刑事法庭（尤其是 18 世纪晚期之前）非常重要的参考资料。朗本将英国早期陪审团制度的特点，总结如下❸：

（1）由 12 个人所组成的陪审团，在一次法庭会议上需要听审大量的案件。最有代表性的当属伦敦陪审团和米德尔塞克斯陪审团。一次法庭会议需

---

❶　需要注意的是，直到 16 世纪初，证据才具有关键作用。之后又经过两个世纪，陪审团才彻底摆脱了依靠自己的固有知识决定案件，而是完全依靠证据做出裁决。

❷　Michael Zander, *Cases and Materials on the English Legal System* (10th, edn., New York: Cambridge University Press, 2007), pp550−554.

❸　J. H. Langbein, The Criminal Trial Before Lawyers, 45 *University of Chicago Law Review*, 1978, pp263−271.

要持续许多天，并且审理 55 个乃至上百个重罪案件，例如，在 1678 年 12 月，有一场为期两天的法庭会议：在周三上午，伦敦陪审团审判了 2 个案件；米德尔塞克斯陪审团审判了 7 个；下午，伦敦陪审团审判了 3 个案件；第二天上午，米德尔塞克斯陪审团审判了 8 个，而伦敦陪审团审判了 6 个；周四，伦敦陪审团被解散，而米德尔塞克斯陪审团审判了 6 个案件。仅仅两天内，这两个陪审团就对 32 个案件做出了裁定，其中共涉及 36 名被告人。

（2）案件通常都是被成批地进行审判和处理。陪审团将对许多案件进行听审，之后退席，对这些案件进行合并审议。例如，在 1678 年 12 月，米德尔塞克斯陪审团共听审了 21 个案件，但仅通过三次审议，就完成了对这些案件的裁决：第一批有 7 个案件，第二批有 8 个，第三批有 6 个。

（3）许多陪审员在之前就参加过法庭会议。陪审员是从很小的社会群体中抽取的。在 13 世纪，陪审团需要具备自由人（Freeman）资格且为有财产的男性。由于陪审团需求量的增大，且社会精英意图逃避陪审团义务，因此后来法律逐渐放开对财产的要求。但即使是《1825 年陪审团法》（*Juries Act, 1825*），其中依然规定，陪审团必须是财产所有人或者房屋所有人，而不是所有具有财产资格的公民都可以成为陪审员，这就排除了年轻人和女性。正如英国著名法官德夫林在 1956 年哈姆林讲座（Hamlyn Lecture）中所言，陪审团是由"中产阶级的中年男性"组成的。直到 20 世纪 70 年代，法律才完全取消对陪审员资格的财产限制。

（4）陪审团审判速度惊人，且被告人没有律师辩护。陪审团审判的时间极短，通常一组的陪审团要裁决多个案件，且法官很少给予陪审团司法指示，陪审团在听完法官与被告人极为简短的问答和其他证言后，敷衍地进行一下审议，有时甚至在没退席的情况下，就做出了裁决。而且，无论控方还是辩方，都没有律师协助，有时控方可以被允许有一个律师，但辩方则是肯定没有律师辩护的。由于当时的人们认为，被告人是一个不可靠的证人，因此被告无须宣誓，也无须做有罪或无罪答辩。

（5）早期的陪审团很可怜。在当时，如果陪审团做出了令法官不满的裁决，则法官会毫不犹豫地表达出自己的不悦，谩骂，甚至处以罚金、羁押。直到 1670 年威廉·潘案和布希尔案的发生，才建立了禁止对陪审员处以罚金的原则。这时期的陪审团，还有一个特点，就是在《1870 年陪审团法》（*Ju-*

ries Act, 1870）之前，法庭不会给陪审员提供任何肉食、饮料、烤火或者蜡烛，直到陪审团做出裁决。此外，根据布莱克斯通在巨著《英格兰法律评论》中的记载，法官不需要等到陪审团做出裁决，就可以开始下一个巡回庭审，但法官需要将陪审团带到下一个村镇，著名的"马车上的陪审团"（Carting the Jury）一词，原意可能就是"我被不停地搬来搬去，做这做那"。可怜的陪审团，很难想象当时这些陪审员，是如何回到自己家乡的。

（6）相较于今天被动中立的法官，早期法官的地位要更加积极主动，几乎可以操控陪审团，因此，法官经常干涉陪审团，如主动询问控辩双方的证人和被告人；再如在总结概述时，法官拥有几乎不受限的权利去评述案件，即使有时不行使这一权利，法官也可以直言不讳地告诉陪审团，应做出怎样的裁决，且陪审团通常都会听从法官的意见。

（7）有时遇到一方证据充足，或者另一方证据存有缺陷时，法官可能会中止审判，然后告知当事人对某一争点补足证据后再重新开庭。今天的禁止双重危险原则，是为了预防控方在审判结束后补充证据重新起诉，而在 17 世纪、18 世纪，这种情况经常发生，且法官的这一权力通常是为了帮助控方而非辩方。

（8）有证据表明，在诉讼进行过程中（法庭举证审判结束前），法官和陪审团可以进行交流。陪审团可以就某一证据向法官提问，也可以互相讨论评判案件，法官可以做出回答，甚至有时会向陪审团阐释关于裁决的问题。

（9）在某些案件中，法官会拒绝陪审团的裁决，或者要求陪审团给出裁决理由，并就此问题进行争论，然后对陪审团做出进一步的指示，要求陪审团退席重新审议。如果法官不同意陪审团对被告的有罪裁决，法官经常会建议陪审团对被告人进行赦免或者减刑，而这种建议通常相当具有影响力。

（10）中央刑事法庭会议集锦，也涉及证据规则的制定和适用问题。例如，传闻证据通常是具有可采性的，虽然有时法官会提出排除某传闻证据，但法官通常不会告知陪审团应当忽略这一证据。而且，既然双方通常都没有律师协助，因此在陪审团不退席的情况下，进行证据可采性的讨论，也不足为奇。另外，会议集锦也表明，之前的有罪判决通常具有可采性，会被陪审团作为证据予以采纳。

朗本研究发现，排除可能影响陪审团的证据，以保证被告人获得公平审判这一基本原则，在那个时期并没有发展出来。在早期，法官主导陪审团，且没有将偏见证据隔离的想法。现代证据排除规则的发展，并不是因为要控制法官，而是要归功于律师成为法庭参加者，律师的出现，削弱了法官的主导作用，但同时也使得陪审团处于更加危险的境地。但直到18世纪30年代，关于被告人不能够有律师辩护的规定，才终于开始得以打破。根据朗本的研究，在早期，虽然被告人缺少律师辩护，但在当时这依然被视为是正当合理的，原因主要有三个：第一，审判法官被假定扮演了辩护律师的角色；第二，关键证据被视为公正的保障，因此，如果某关键证据是不利于被告人的，那么除非被告人能得到律师的帮助，否则必定会被判有罪；第三，被告人比任何人都了解案件，因此不适合由中间人来为其服务。令人惊讶的是，虽然在重罪案件中，律师不能够正常服务，但对于轻罪案件，律师反而被允许提供服务。当法律出现争点时，则允许律师参与；但是如果法庭没有注意到这个争点，则需要被告自己提出来，并请求法官允许他聘请律师。辩护律师真正开始发挥作用是在18世纪30年代，主要负责审查和交叉询问证人，当然被告人自身仍然承担和以前相同的责任。因此，在作用和功能方面，被告人和辩护律师之间并没有什么区别，但是律师的作用还是在逐渐发展。因此，朗本认为，是律师最终打破了法官和陪审团之间的原始关系，并且削弱了法官对于诉讼程序的独占权。

通过对会议集锦进行研究，朗本发现，在那个时期无论是纠问制，还是对抗制，被告人实际上都缺乏保障。也就是说，既没有无罪调查，也没有证据规则；既没有律师的援助，也没有关于选拔、指导和控制陪审团的规则。美国另一位学者，加利福尼亚大学教授马尔科姆·菲利，主持了针对从1687到1912年间在中央刑事法庭审判的案件研究，他发现在19世纪30年代，所有裁决中至少有95%是通过审判的形式做出的。但是，这里的审判完全不是今天的概念，亦即，被告人没有律师援助，且极少能够以一种有意义的方式，与证人面对面地质疑证据或者辩护。即使被告人自己或者某人愿意站在被告人的立场上为其辩护，也并不是激烈的辩护，而是基于仁慈敷衍地提供一些申辩或者辩护，或者作为证人提供一些有关于被告人有好品德或减轻刑罚的证言。

第三节 陪审团审判与宪法性权利❶

提起陪审团审判的历史渊源，很多人最先想到的可能就是——陪审团审判是作为一项宪法性权利而载入大宪章。在这一标题下，产生了三个问题：第一，《1215 年大宪章》是接受陪审团审判的宪法根基吗？第二，如何理解在英国司法制度中，接受陪审团审判的权利是一项宪法性权利？第三，如何从法律学角度理解作为一种权利的陪审团审判？

一、《1215 年大宪章》

《1215 年大宪章》（简称《大宪章》）第 39 条（*Magna Carta, 1215*, clause 39）原文是："Nullus liber homo capiatur vel imprisonetur, autdisseisiaturaututlagetur, autexuletur, autaliquo modo destruatur, nec super eumibimusnec super eummittemus, nisi per legale judicium parium vel per legum terrae." 转译过来就是："当任何领主、贵族被起诉时，非经由领主或贵族等相同地位的同侪来听审，不得被处以监禁或者侵占财产或者放逐或者以任何其他形式受到迫害。"（"No freeman shall be taken or/and imprisoned, or disseised, or exiled, or in any way destroyed, nor will we go upon him nor will we send upon him, except by the lawful judgment of his peers or/and by the law of the land."）显见，《大宪章》第 39 条与陪审团审判，其实并无关系，如同考尼什所言："将陪审团的历史追溯至大宪章，是完全错误的。"霍尔兹沃思也承认，对于第 39 条的错误解读，彻底地影响了英国宪政史，其解释道："很明显，那些词语不是指陪审团审判。领主或贵族们并不想受到国王的法官或者平民的审判，他们想要的首先是古老的审判形式，即所有的起诉人都受到法律和事实两者的评判，其次是他们不想受到比自己高贵的人的审判。大部分贵族不会将皇家的法官视为'同侪'，且没有人会将平民视为'同侪'，否则将是很荒谬可笑的事情。"也就是说，早期的"同侪审判"，仅由社会中极少部分精英组成，之后

---

❶ Penny Darbyshire, The lamp that shows that freedom lives-is it worth the candle?, *Criminal Courts Review*, 1991, p740.

才逐渐扩大了陪审团的组成成员及其范围。更早时，福赛斯在谈及陪审团审判的历史时，认为包括布莱克斯通在内的很多学者，将同侪审判解释为陪审团审判，是不正确的，他解释道："'judicium'指的是法官的决定，而非陪审团裁决。"而且，1215年那时的陪审团，仍然是一群宣誓证人或者是证明被告人无罪的证人，他们不能够做出裁决。福赛斯解释道："当地陪审团，并没有法官审判的功能，只是当事人的同侪或邻人。"如同这些历史学家所指出的那样，《大宪章》只是当时的贵族与约翰国王达成的一笔交易，以此来保护自己受到与之地位相同的同侪来审判的权利。"Liber homo"既可以被译为"自由人"，也可以译作"领主"，但正如我们在学校所学习到的历史，"自由人"并不具有今天的意义，它只是封建制度中的一个特权阶级。

二、宪法性权利？

即使退一步说，接受陪审团审判的权利已经成为一种宪法惯例，因为自从14世纪起，法律就规定，陪审员是独立的，且陪审团被用于某些刑事审判中，但是这只能说，接受陪审团审判这一权利，只是众多宪法权利中的一种。虽然陪审团制度是在英国诞生的，但是英国宪法并没有像美国宪法那样，明文保障人民受陪审团审判之权利。对英国宪法学者而言，"宪法性权利"这一概念自古没有存在过，在20世纪80年代以前，这一词语甚至都很少出现在教科书中，而现在也仅是在需要争取权利法案时，才会引用这一词语。争取权利法案的原因在于：英国的立法主权在国会，其规定公民没有任何根深蒂固和不可动摇的权利，尤其是在欧盟或者国际法管辖范围之外。至于接受陪审团审判权，是来自普通法及国会立法，而非宪法。因此，这并非一项根深蒂固、不可动摇的权利，国会也可以立法废除。而近些年来，国会也一直都在试图削弱国内的陪审团审判，且在不断地降低陪审团在刑事审判中的作用。

三、是一项权利？

将陪审团审判作为一种权利来解释，这在法理学上可能会有些问题。"权利"一词，至少包含"意愿"这一概念，也就是一种选择，当我们提到刑事司法制度中的诉讼权利时，就是在指一种选择，例如，我有权保持沉默，如果我被控有犯罪（两种法庭皆可审判犯罪），我可以选择接受职业法官和陪审团的审判，或者是治安法官的审判。而这种选择，就可以称作是一种接受陪审团审判的"权利"。什么是可公诉犯罪？就是只能送交刑事法院进行答辩的犯罪，如果被告人要受到审判，则其唯一的权利就是接受来自陪审团的审判，而不能像美国法那样，允许被告人选择由职业法官单独审判。因此，在美国说"接受陪审团审判权利"是正确的，但是在英国，就不能将陪审团审判说成是一种"权利"。

第四节　陪审团的审判角色[1]

通说认为，陪审团的主要作用是在于对事实的裁断上，而法律事务则由法官主导。但是，这其实只是一种理想情形，现实中，陪审团的决定是在对事实和法律综合考虑的基础上做出的，亦即，在聆听完法官对于证据的概述和对法律的指引后，陪审团退席并在私下根据从法官那里所得来的对于法律的认识和理解，做出全体一致裁决或者大多数一致裁决。在刑事案件中，由陪审团主席来宣布裁决结果，即被告人是有罪还是无罪。如果"无罪"，则被告人被无罪开释并当庭释放；如果"有罪"，则法官将对其量刑，而陪审团在量刑的决定中并不承担责任，在法律或者司法程序的决定中陪审团同样不承担责任。在陪审团被正式选任出之前，法官通常会提前决定法律或程序的争点，以及证据的可采性；而且，当需要对法律争点做出决定时，法官通常会要求陪审团退席，以听取双方意见并做出裁决。[2]

法官可以指引陪审团做出无罪开释，但无论任何情形下，审判法官都无权指引陪审团做出有罪裁定，例如，*R. v. Caley-Knowles* ［2006］。正是由于陪审团裁定的神圣不可侵犯，因此陪审团无须向任何人证明或者解释所做裁定的正当性。即使做出了不正当裁定，也依然处于强硬立场，而且偶尔还会批评并修改令人不满的严苛法律，甚至有权力直接取消法律（虽然实践中很少）。此外，在民事案件中，若裁决不正当，则可以经上诉程序予以推翻；而

---

[1]　Gary Slapper and David Kelly, *The English Legal System* (12th, edn., London and New York: Routledge, 2011), pp495-499.

[2]　Terence Ingman, *The English Legal Process* (13th, edn., Oxford: Oxford University Press, 2011), pp493-494.

在刑事案件中，虽然法律上的争点可能由检察官在备案中阐明，但是对于无罪开释判决，却无论如何都不能进行上诉。

一、陪审员有做出裁决的义务

每位陪审员都要进行宣誓："我们将正直地审判被告，并根据证据做出真实的裁决。"之后，如果其拒绝做出裁定，则成立藐视法庭罪。例如1997年，法官库雷判决两名女性陪审员由于拒绝做出裁决，成立藐视法庭罪而监禁30天。其中一名妇女，是陪审团主席，声称此案涉及诈骗的争论，但这实在是太过复杂以致无法理解；而另一位妇女则声称她在道德上无法裁断任何人。《卫报》引用了法官库雷的话，作为判决监禁刑罚的理由："我被迫花费巨大代价命令重审，陪审员必须明白，自己有责任根据誓言履行义务。"❶ 这两名妇女仅受到一个晚上的监禁，随后法官库雷宣布予以释放，并推翻了先前对她们所做出的判决。

在陪审团服务或许是一次极度痛苦的经历，因为作为事实裁断者的陪审员，所处理的案件可能是相当恐怖的，比如色情或者暴力，然而在陪审团服务结束后，却没有相应的心理辅导。例如2003年4月，两名非法移民违反《2000年恐怖行为法》（*Terrorism Act*，*2000*），为伊斯兰教组织筹集了上百乃至上千英镑而被判有罪，在莱斯特刑事法院进行的审判成为司法史上空前的戏剧："这个案件于2月开始，期间涉及特别的安全问题。一个陪审团宣誓成立，但一夜之间又被解散……第二天早上，一位女性陪审员由于受到过度惊吓而在陪审室里出现呕吐现象，而另外两位也突然大哭……陪审团被迫解散。但是，这已经是继一名男性陪审员因为担心家人安全问题，而表现出害怕之后，第二次进行解散了。第三个陪审团由九名成员组成，并做出了有罪判决，判决被告人十一年有期徒刑。"❷

陪审员受到的保护和支持并不充分，而当下唯一可能的补救措施，就是法官可以在一段特殊的时期内，免除他们再次担任陪审员的义务。很多批评言论认为，政府对于持续存在的陪审团义务所给公民造成的损害，并没有予以充分的认识。有时，陪审团服务会对陪审员提出过分的或者不合理的要求，

---

❶ The Guardian, 26th March 1997.

❷ Steve Bird, Jurors too scared to take on case, *The Times*, 2 April 2003.

如 2005 年 5 月的一起欺诈审判，陪审团在中央刑事法庭花费两年时间后，宣告审判失败。

二、陪审团裁决自由

如果没有充分的证据证明被告人有罪，法官有权力指引陪审团做出无罪开释，这是为防止陪审团不顾证据的缺失或不充分而仍对被告人做出有罪判决的安全保障，然而，法官却无权指引陪审团做出有罪裁决，例如，*DDP v. Stonehouse* ［1978］，*R. v. Wang* ［2005］。但是，这并不表明，法官不可以在其总结概述中使陪审团明白，除有罪判决之外，其他裁定都是不正当的。

法官绝对不能够做的事情是，给陪审团施加过度压力而迫使其做出有罪判决。任何压力的施加，都会导致有罪判决被推翻，经典案例是 *R. v. McKenna* ［1960］，在陪审团花了两小时零一刻钟进行审议后，法官告诉陪审员，如果在接下来的十分钟之内，他们还不能做出裁决，他们将被关起来过一夜。果然，陪审团做出了裁决。但是，这对于被告人来说是很不幸的，因为其得到了有罪判决；而对于司法程序则更加不幸，因为在上诉后该有罪判决被撤销。正如卡塞尔法官所言，刑事法律的首要原则就是，陪审团自由地进行裁定。亦即，陪审团应当是在完全自由且不受任何干扰和威胁的情况下，独立地做出审议决定。

当然，法官有权力且有义务指引陪审团正确地理解和应用法律，亦即，陪审团需要且应当被动地接受法官的指示和引导。而且，当陪审团考虑做出有罪判决时，他们甚至会反过来主动去寻求法官的建议。然而，有一条原则是绝对的，那就是法官给予陪审团的任何回应，都必须是在公开法庭中做出的，以避免任何不当行为的指控，如 *R. v. Townsend* ［1982］。

三、审议结束后提交新证据

历史上，官方对于"在法官概述和陪审团审议结束后，就不能再提交给陪审团任何新的证据"这一原则，一直是绝对支持的。因此，在 *R. v. Owen* ［1952］一案中，由于在陪审团审议结束后，审判法官允许重新召回医生回答陪审团的问题，因此导致这一有罪判决被撤销。大法官戈达德就此原因做出解释："法官概述一旦结束，就不能够再向陪审团提交任何新的证据，陪审团可以就已经提交的证据的任何方面提出问题，但新的证据则不被允许。"然而，在之后的 *R. v. Sanderson*［1953］一案中，上诉法院刑事法庭包括大法官戈达德在内认为，在法官概述结束后，辩方证人的证据是可以被允许提交的，但必须是在陪审团审议结束前。但是，在之后的 *R. v. Gearing*［1966］一案中，大法官帕克重申了"在陪审团审议结束后不允许提交新的证据"这一绝对原则。

由于《1968 年刑事上诉法》（*Criminal Appeal Act, 1968*）第 2（1）条之附带条款的引入，导致法官对这一原则的态度发生了转变，在 *R. v. Davis*［1976］一案中，这一原则得到了进一步的支持。在 *R. v. Arsbid Khan*［2008］一案中，Khan 对有罪判决进行上诉的理由是，在陪审团的审议结束后，法官呈递给陪审团一项新的证据。当时的情况是，陪审团为了查清楚一项关于手机的证据，重新回到法庭，在法官回答陪审团的问题后，Khan 的一名律师提出，将这项关于手机的证据提交给陪审团审议是不正当的。法官表示知晓了这件事情，并再次安排陪审团针对法官所给予的回答进行两个小时的审议。之后法官通知陪审团，其中某些信息可能是不正确的，并告知他们可以回家了，于第二天早上恢复审议。之后的调查表明，提交给陪审团的这项证据确实是不正当的。第二天早上 Khan 的律师们和他共同讨论了这一调查的结果，但这一新的证据可能有利于他，于是他同意将这一证据提交给陪审团。然而，陪审团就此做出了有罪判决。随后 Khan 以法官在陪审团审议结束后，错误地向陪审团提交了一项新的证据为由，提出了上诉。上诉法院经审查后，驳回了这一上诉，原因是没有理由禁止法官向陪审团提交新证据。相反，上诉法院解释说："我们能够看出法官提交新证据给陪审团的所有理由。被告人请求法官这么做的原因，是因为这项证据会有助于其上诉，因为这两位律师都感觉到上诉的证据很微弱，而这项证据可以支持上诉案件，因此法庭驳回了这一上诉请求。"在 *R. v. Hallam*［2007］一案中，上诉法院认为有罪判决是不安全的，因为在法官概述结束后，法官拒绝让陪审团查看一项可能会有助于上诉人的证据。在这一案件中，上诉法院否定了"一旦陪审团审议结束后就不能再提交新的证据"这一在过去被视为是不可动摇的原则。且近年来越来越多的案件进一步确认了这一原则并不是绝对的，这个问题需要基于司法公正作出判断。

四、陪审团裁决神圣不可侵犯

上诉法院刑事法庭的主要功能在于，撤销推翻刑事法院做出的有罪判决，或者对刑事法院的量刑裁判进行减刑。在上诉中，虽然上诉法院由于担心干涉陪审团功能，而不愿意做出推翻陪审团裁决的决定，但是，如果陪审团的裁定明显错误的话，那么上诉法院就有责任进行干预以回复司法平衡，也就是被告上诉成功，且陪审团的有罪裁定被撤销。至于陪审团所做出的即便是错误的无罪判决，或者过分宽大的量刑，由于检察官根本无权提出上诉，因此上诉法院对此可谓无能为力。

在 1972 年以前，对于审判法官在审判过程中做出的导致被告人无罪开释的法律解释或者决定，即使错误，也没有相应的程序能够纠正，因为控方无权，即使现在也依然无权提出上诉。可是这些错误，却被当成判例法予以遵从。为避免错误的延续，《1972 年刑事审判法》（*Criminal Justice Act*，*1972*）第 36 条规定，对于可公诉犯罪被判无罪开释的案件，无论是整个都无罪还是某些控罪被判无罪，检察总长有权就其所涉的任何法律争点，向上诉法院提出备案。上诉法院必须听取检察总长或者检察总长方面的代表所持的观点、意见，之后才能做出决定。当然在这个过程中，被判无罪开释的被告人也有权聘请律师来代表其发表意见，但无论如何，被告都不会面临任何危险。也就是说，无论上诉法院最后如何裁量，即使最后认定审判法官是错误的，且被告人原本应当被判有罪，被告人的无罪判决也完全不会受到任何影响。通过这一备案程序，检察总长可能获得有益于检方的规定，从而在未来此类案件中获胜。但是，这一规定并不会适用于本案的被告人。

正是由于陪审团一旦做出了无罪开释，便一锤定音，因此，当陪审团做出了在法官看来是荒谬的裁决时，偶尔也会遭到法官的谩骂。然而，法官即使再愤怒也于事无补，因为无论整个陪审团还是陪审员个人，都不需要就其所做决定进行原因的证明和解释。不但如此，根据《1981 年藐视法庭法》（*Contempt of Count Act*，*1981*）第 8 条，无论是在刑事还是民事案件中，陪审团成员都应严守审议秘密，以防信息泄露构成藐视法庭罪。此外，"泄露"这个词不仅适用于陪审员，也适用于泄露的任何其他主体，如 *Attorney General v. Associated Newspapers* ［1994］案件，上议院认为对于报纸媒体来说，藐视法庭罪是指泄露了陪审团在陪审室中进行裁决时的情况，除非该出版报道仅限于公众所已经知道的事实。首席大法官伍尔夫在《泰晤士报》2001 年 2 月的一次采访中表示，虽然应当谨慎对待陪审团研究，但他个人还是强烈支持解除对陪审团研究的禁止。

正是由于陪审团不需要证明其决定的合理性和正当性，因此陪审团即使做出了相较于法律的不正当裁定，也依然处于一种强硬立场，如在 *R. v. Clive Ponting*［1985］一案中，根据《1911 年公务员保密法》（*Official Secrets Act, 1911*），法官很明确地排除一切合理怀疑而确定被告人是有罪的，但陪审团依然做出了无罪判决。再如 *R. v. Kronlidand others*［1996］一案中，四名恐怖分子被控袭击飞往印度尼西亚的飞机，据称其所造成的飞机损害达 150 万英镑，而且他们也没有否认自己的责任，只是辩称这架即将飞往印度尼西亚的飞机是用于种族灭绝屠杀东帝汶人民，并声称他们事实上是想要阻止这次种族屠杀。控方引用了印尼政府所给出的保证，即飞机并不是用于反对东帝汶，并指出英国政府已经给飞机颁发了出口证书。由于被告人并没有否认他们的所做所为，因此很明显他们应当被判有罪。然而，陪审团却决定给予四名被告人无罪释放。财政部长迈克尔·杰克逊随后表示，他不相信陪审团的裁决："我和其他所有人一样，都很难理解陪审团的这项裁决。那些制造损害的人居然不用负任何责任，这份判决很明显是错误的。"❶

陪审团的这种裁决极易在政治上造成麻烦，再加上为了节约司法资源，政府一直试图对于某些犯罪案件废除陪审团审判，但是，在政府此举真正成功之前，陪审团依然会基于对被告人的同情，而继续做出不正当的决定。如在 2000 年 9 月，28 名国际绿色和平组织志愿者，包括执行主席梅尔切特勋爵，在毁坏了种满基因改良玉米的土地后，被判无罪（在当年 4 月的最初审判中他们就被判无罪）。法官戴维·梅勒这样告诉陪审团："不要考虑基因改良玉米作物对于环境来说到底是好事还是坏事，对你们来说，你们只需要听从证据，并基于事实，做出诚实的裁决。"然而，陪审团最后还是采取了不同的态度。再如，由于担心最后无法成功将被告人定罪，CPS 最终在 2004 年 2 月放弃了对被告人 Katherine Gun 的起诉。这位被告人之前是一位翻译，在 2003 年是否对伊拉克进行武力战争的关键性投票之前，其揭露了英国和美国

---

❶ The Independent, 1 August 1996.

有涉及窥探联合国成员的行径，虽然她承认自己的泄露行为，并因此至少违反了《公务员保密法》，但对她的起诉依然被迫放弃。显然，这一决定是在检察总长的指导下做出的，因为检察总长从最开始就被牵涉进了对伊战争问题。还有，在 2008 年 9 月，6 名国际绿色和平组织气候改变激进主义份子被控在肯特燃煤发电厂造成 30 000 英镑的刑事损害。他们已经承认，想通过占领大烟囱和在烟囱上刷标语的方式来关闭这家发电厂，他们辩称自己的行为是正当的，因为他们想要试图阻止全球更大的气候损害。然而，陪审团基于他们所作的辩护，最终判定他们无罪。在长达八天的审判结束时，法官戴维·凯迪克这样总结道："这个案件的焦点在于，反对者对他们所做出的行为是否有合法的理由。而陪审团认为，他们是有合法正当理由的。"

第二章

陪审员之资格

第一节 一般资格

一、取消了财产资格限制

要想组成一个富有社会代表性的陪审团，则应将不适任的人员控制在最小的范围内，也就是说，应使陪审团服务尽可能地成为所有国民的义务，即所有国民都有资格且能够参加陪审。❶ 但在 1974 年以前，陪审员的资格主要是指财产上资格的限定，这也是莫里斯委员会（Morris Committee）1965 年陪审团服务调查报告中的主要议题，其改革成果最终在《1974 年陪审团法》（*Juries Act，1974*）中得到实施。

莫里斯委员会在 1965 年陪审团服务调查报告中指出："现今对于陪审团成员资格的规定，主要是指房屋拥有者，也就是那些缴纳房产税等地方税的公民。❷ 而且，该房屋的市值，在伦敦和米德尔塞克斯等大城市中不得少于 30 镑，在其他地方不能少于 20 镑。据统计，1964 年英格兰和威尔士地区选民登记册中共有 3777 万人，但能够有资格参与陪审团服务的，大约只有 715

---

❶ *The Jury in Criminal Trials*，Working Paper 27，Law Reform Commission of Canada，p40.

❷ 关于缴纳房产税等地方税，在当时的大多数家庭中，基本都是由男士来负责的，因此在过去相当一段时期内，陪审团的女性比例相对很小。

万人，占整个选民登记册人数的 22.5%。"●

　　因此，莫里斯委员会提出建议，即除一些特殊情况需要予以豁免外，陪审团成员应当从所有在选民登记册的名单中随机抽取。这一建议最终被《1974 年陪审团法》所采纳。根据《1974 年陪审团法》第 1 条，在刑事法院、高等法院以及郡法院参加陪审团服务的人，需具备以下资格：（1）年龄在 18~70 岁，且作为国会的或者当地政府的选民而被登记在册；（2）从 13 岁开始，至少连续 5 年经常居住在英国、海峡诸岛或者曼岛；（3）不是精神病人；（4）不是陪审团服务不合格的人。

二、取消了不适任及豁免权相关规定

　　长期以来，有句谚语在民间广为流传："如果我接到参加陪审团服务的召集令，那么只要有可能，我就会努力尝试逃避这一义务。"这是因为，在 2004 年以前，关于陪审员的资格，一直都是有许多例外规定的，也就是一长串的不适任，或者享有豁免权清单，这显然与随机性严重相悖。内政部研究发现，陪审员豁免率一直居高不下，如 1999 年共有约 25 万人被召集参加陪审团服务，其中在 6 月到 7 月间，有 5 万人收到了召集令，但却只有三分之一的人应召，而这其中又有约一半的人被允许推迟参加；剩余三分之二的人中，有 13% 被定为不适任、不合格或者享有豁免，15% 无法在当天出席或者被回复为"无法送达"，38% 被豁免。于是，英国政府于 2001 年将各地法院分别进行的陪审团召集程序，合并到一个在当时是新成立的机构即陪审团召集局（Jury Central Summoning Bureau，以下简称 JCSB），由其来负责统一召集陪审团。这项改革虽然保证了召集程序的连续一致性，但依然没能解决陪审员豁免率奇高这一问题。陪审团召集局在随后的工作报告中阐述，由于豁免等相关规定，在英格兰及威尔士地区，对每位陪审员通常需要发出四次召集令，其中伦敦，甚至有很多人需要被召集六次。然而，如果仅仅因为陪审员拒绝回应召集令，就需要刑事法院来对其采取措施，那即便是在富饶的伦敦地区，也不可能有如此雄厚的财政予以支持。

　　大法官奥德（Auld L. J.）对此持强烈的批判态度，并主张应当仿效美国

● Report of the (Morris) Department Committee on Jury Service, 1965, Cmnd. 2627, pp38-42.

纽约地区，通过收紧豁免政策，进而达到防止人们逃脱陪审团服务的目的。亦即每个人都应当参加陪审团服务，除非其有充足的理由才可以得到免除。最终，这一建议被《2003 年刑事审判法》（*Criminal Justice Act*, 2003）所采纳。其中第 33 条废除了之前的陪审团服务不适任名录（除患有精神障碍之外）以及豁免权的规定。因此，在过去那些不被允许参加陪审团服务的人，或者有权做出参加与否选择的人，现在都已获准参加陪审团服务，除非他们有不能参加的正当理由。

（1）取消不适任。在《2003 年陪审团法》出台之前，不适任陪审团服务主要是指那些由于从事特殊职业可能会影响到陪审团审判的人，即法官（包括治安法官）及法院办公人员，律师（包括事务律师和出庭律师）及其他从律师事务所领薪的人员，警官、监狱管理人员、缓刑官等诸如此类职业的人，还有宗教领域的神职人员。这是因为，外界担心他们有可能会利用自己的专业知识或者职业优势，从而对陪审团施加不适当的影响，损害陪审团裁判的公平性。美国的经验是，许多州的律师、法官及其他从事刑事司法的人士是可以成为陪审员的，因为同一陪审团中的其他陪审员是不会允许他们来干涉自己独立裁断的。

如今，在英格兰和威尔士地区，通晓刑事司法制度知识的人（包括法律学者、法律系学生和从事刑事司法的公务员），现在都可以参加陪审团服务，因为没有证据表明这些群体会给陪审团造成不适当的影响。例如，上诉法院的戴森法官就是历史上第一位成功参加陪审团服务的法官。详言之，在 2005 年，有一位地方法院法官，因为自己认识戴森法官，从而拒绝其成为自己所主审案件的陪审员。但戴森法官认为这是不可被接受的，于是写信给首席大法官提出异议，并最终获许成为该案的陪审员。但与此同时，也有许多律师竭力避免担任陪审员（特别是中央刑事法庭案件），其中，有一些免除申请得到了批准。尔后中央刑事法庭专门颁布了一个实践指引，明确禁止了此类免除申请。但随后，政府意识到作为律师或法官的陪审员，如果因为自己知道了该案的审判细节而申请免除的话，还是应当有必要免除其陪审团服务资格的。因此，法律修订为，对于法官或者（某些城市的）兼受理刑事和民事案件的法官，只能在其所任职以外的地区参加陪审团服务。此外，出庭律师协会在 2004 年制订了一份关于召集出庭律师担任陪审员的指引，其中告诫律师：虽然向其他陪审员隐瞒自己的职业是没有必要且不合适的，但是律师应当记住，自己在陪审团中只是平等的一员，而非出庭律师，因此不应当提出法律建议且不应当违背法官的指引。

至于皇家检察署的律师，则不可以担任由皇家检察署负责控诉的案件的陪审员。这也意味着，在大部分刑事案件中他们是不能出任陪审员的，但是，他们可以担任由其他机构负责控诉的案件的陪审员。而警官，一方面，可以担任与其所服务的警察局没有特殊关联的法庭案件的陪审员。但另一方面，在某些情形下，作为警官或者检察官的陪审员，可能由于貌似影响到了被告人得到独立且公正的审判，从而致使陪审团对被告人所做出的有罪判决因此被推翻。在 *R. v. Williamson*［2007］一案中，被告人对其有罪判决所提出的上诉被准许，理由是虽然律师和警官现在已经有资格参加陪审团服务，但不能违背普通法规则即 "正义不仅应当实现，还应当以看得见的方式实现"。而且此项普通法规则，与《欧洲人权公约》（*European Convention on Human Rights*）第 6 条即有权得到独立且公正法庭的公平审判，是一致的。因此，如果有检察官或者警察出任陪审员，可能会引导旁观者得出结论，即陪审团有存在偏见的现实可能性，如若这样，那么公正，就不是 "以看得见的方式实现"。但是，在 *R. v. Abdroikov*［2007］一案中，被告人对其有罪判决所提出的上诉却被驳回了，理由是作为警官的陪审员，没有造成陪审团偏见的现实可能性，因为警方的证据和被告人的证据之间并不存在冲突，且审判法庭和警局之间没有关联，而控方证人和被告人证人之间也不存在联系。然而，在 *R. v. Green*［2007］一案中，被告人对于有罪判决的上诉是被准许的，理由是这名作为警官的陪审员在面对一名有毒瘾的被告人所提供的证据时，更有可能偏向于同为警官的人所提供的证据，因此陪审团有存在偏见的现实可能性。于是，为了避免陪审团存有偏见的危险性或者由于偏袒证人的不公平性，法官应当在每次审判之前谨慎地进行确认。也就是说，审判法官应当在选拔组成陪审团时，特别留意是否有候选陪审员现在是或者曾经是警官、检察官或监狱官员的情况。如果存在此种危险，则应当主动将该名陪审员进行替换。

（2）取消豁免权。❶ 在过去，法律曾赋予一些群体享有豁免于从事陪审

---

❶ 需要注意的是，这里的取消豁免权，并不包括那些在最近 2 年内参加过陪审团服务的人，其仍然享有豁免权。

团服务的权利，理由是他们有着更为重要的工作或者事务需要处理，例如上议院议员、下议院议员、军队人员、医生和牙医及其他从事医药行业的人员，以及那些年龄在 65~70 岁的人。

关于取消此类豁免权的改革，也曾出现过一些反对意见。例如，莫里斯委员会认为，为了公众的利益着想，给予以上人士豁免权是正当合理的，因为这些群体对于国家负有特别的和私人的责任，或者对于痛苦和苦难负有安慰的责任。再如，新闻曾报道了医生和护士的一连串的信件，其宣称如果他们离开工作岗位则国家健康服务系统（NHS）将面临崩溃。

但是，大法官奥德认为应当取消这些豁免权，如有需要，完全可以通过自由裁量给予免除的方式解决，例如，因为其所服务的宗教机构的教义不适合担任陪审员而申请免除，正常情况下应当得到批准（但对于那些虽无宗教信仰但良心上却反对担任陪审员的人，则无须明确规定）。英格兰和威尔士地区 18~70 岁的所有成年人，每人只有六分之一的机会被召集作为陪审员。而《2003 年刑事审判法》的修改，使得每个人服务陪审团的机会更加减少。因此，如果医生和护士像我们每个人一样，在一生中有六分之一的机会来做两星期的陪审员，那么基本不可能引起 NHS 的崩溃。更何况，有许多健康护理人员并不是英国公民，因此也不可能被召集参加陪审团服务。对于 65~70 岁的人们，大法官奥德认为没有理由给予其免除，除非他们能够证明自己有精神或者身体上的健康问题。2010 年初，政府又开始考虑关于是否有必要将陪审团服务的限制扩展到 70 岁以上的建议，最终，《2015 年刑事司法与法院法》（Criminal Justice and Court Act, 2015）第 68 条明确规定，将参加陪审团服务的年龄上限延至 75 岁。

第二节　例外情况

一、精神障碍

对于精神病人，《2003 年刑事审判法》第 33 条仍然明确禁止，即精神病人没有参加陪审团服务的资格。但在 2004 年，英国政府所属的受社会排斥辅导机构（Social Exclusion Unit）发表了一份题为《精神健康与社会排斥》的报告，认为法律对于不能参加陪审团服务的精神疾病名录罗列得过于繁多，而且，这一禁止性规则对于在医生看来是轻度抑郁症的人和已经被确诊为《1983 年精神卫生法》（Mental Health Act, 1983）所包含的病症的人，在这两者之间并没有做出区分。于是，之后的《2007 年精神卫生法》对此进行了修订，将这一范畴确定为患有或者曾经患有《2007 年精神卫生法》中所列举的精神病的人，也就是：

（1）住在医院或者类似的机构中，或者（2）定期接受医生的治疗。

但是，如果陪审团中出现了患有精神障碍的陪审员，其所在陪审团裁决的法律效力并不会因此而受到影响。

二、不合格

虽然政府认为应当扩大陪审团的参加人员范围，但毫无疑问，如同法官一样，陪审团必须由无可争议的正直的人所组成。因此，对于曾有过犯罪记录的人，哪怕是仅被判处缓刑或社区服务令，即便是符合陪审员的年龄、居住等其他条件，法律认为仍然有必要将其排除在陪审团参加范围之外。对此，英国伦西曼皇家委员会（Runciman Royal Commission）提出了反对意见，有研究表明事实可能刚好相反，那些有过犯罪记录的人在履行陪审员职责时，与其他陪审员一样，并无任何异常之处。但大法官奥德认为，即便如此，对于这类群体的正直性，依然会受到社会公知或者普罗大众的质疑。或者说，他们有可能因为自己对警察或控诉机构存有偏见，从而对于那些本应当被判处刑罚的被告人予以无罪开释，因而仍有必要将其排除在陪审团资格范围之外。最终，政府还是采纳了大法官奥德的意见，《2003 年刑事审判法》对于曾有犯罪记录的人，依然禁止其参加陪审团。详言之，下列情形不具备从事陪审团服务的资格：

（1）处于刑事诉讼保释状态的人不得担任陪审员；

（2）在英国、海峡诸岛或曼岛，曾经被判处终身监禁或终身羁押、为保障公共安全的监禁或羁押、被延长或增加刑罚、被判处 5 年以上的监禁刑或羁押，则此人终身不得担任陪审员；

（3）在英国、海峡诸岛或曼岛，被判处 3 个月以上监禁刑或羁押、被判处缓刑监禁或羁押，则此人在 10 年内不得担任陪审员；

（4）在英国、海峡诸岛或曼岛，被处以社区服务令、社区恢复改造令、社区处罚令、社区处罚和恢复改造令、毒品治疗和检测令或戒毒令，则此人在 10 年内不得担任陪审员。

需要注意的是，以上不合格名录并不包括那些仅被判处罚金刑或者被处以附条件释放的人，迄今为止他们仍然具备参加陪审团的资格。但是，对于明知自己无资格参加而仍然参加陪审团的人，将会被判定是犯罪行为且被处以最高可达 5000 英镑的罚金，但这并不会因此而影响到陪审团裁决的法律效力。实践中，这种情况其实极为罕见。

三、裁量免除

根据《2003 年刑事审判法》，基于下列原因，JCSB 可以裁量免除参加陪审团服务：（1）在最近两年内担任过陪审员（包括验尸陪审团），以及虽然没有实际担任陪审员（也就是最终得以进入法庭从而审理案件），但其已经到达法院并参与完成陪审团服务；或者（2）在一个有效的期限内，曾经被法庭裁量免除了陪审团服务。另外，对于一个全职现役军人，他或她的上级指挥官能够证实，如果其离开岗位将损害军队利益，则可以裁量给予其免除参加陪审团的决定，但这种决定必须只能由陪审团召集中心做出。此外，如果申请人的理由确实充分，例如生病或者已经安排好假期，则 JCSB 也可以裁量给予其免除陪审团服务的决定。

英国司法部研究统计显示，陪审团召集中心于 2009 年共向 396 700 人发出了陪审员召集令，其中有 100 000 人被裁量给予免除决定（免除率高达25%），在这些被免除的群体中，其中有 4% 是由于他们在近两年内已经履行过服务，而有 96% 是由于其他原因而被免除。此外还有一部分是根本没有回应召集令的人，再加上那些无法送达的，总共 62 700 人。英国内政部研究发现，最为普遍的申请理由是医疗（至少占了申请理由总量的 40%），其次是照顾老人和小孩（占申请理由总量的 20%），以及工作和经济原因（占申请理由总量的 20%），最后是其他原因包括不是本地居民（占申请理由总量的9%）、学生身份（占申请理由总量的 6%）以及交通困难（占申请理由总量的1%，但这在某些偏远乡村则占到了 30%）。面对如此高的免除率，大法官奥德建议 JCSB 对于所有提出免除或推迟的申请，都应予以谨慎而又仁慈的具体审查。对于那些表面似乎合理的免除申请，应当尽可能将其裁定为推迟而不是直接予以免除，只有在极个别的情形下才可以做出免除决定。

对于 JCSB 拒绝给予免除的决定，被决定人有权提出上诉。该上诉将首先交由 JCSB 负责人进行内部复核，如果经复核后仍认为应支持原决定。则将被提交给法官以做出最终的决定。对于此类上诉，除非上诉人已经做出了充分陈述，否则法官不可以直接裁定驳回。法官有权独立于 JCSB，单独裁量做出给予其免除陪审团服务的决定。但是法院在行使裁量权时，需要格外谨慎，因为这涉及一系列陪审团服务事务的安排，如 *R. v. Crown Court at Guildford*［1989］案件。法官可以裁定给予免除，也可以拒绝免除，但不能够做出折中决定，即虽免除当下的服务但在将来某时必须重新履行陪审团义务，如 *R. v. Crown Court at St Albans*［1981］案件。

四、裁量推迟

虽然不符合上述免除条件，但如果能够提出"合理的理由"，JCSB 可以裁量准许其推迟参加陪审团服务。如果 JCSB 同意了推迟申请，则其参加陪审团的日期将被更改；如果 JCSB 拒绝了推迟申请，则其有权上诉至法院。

根据《1974 年陪审团法》第 9 条，JSCB 有权对推迟或者免除的申请裁量做出决定，但必须是基于合理的理由，才有可能获得批准，何为"合理的理由"？根据 1988 年颁布的《实践指引》，应当富有同情地适用免除决定，且可被视为是合理的申请理由如下：（1）涉及该案；（2）与该案中的一方当事人或者证人有密切关系；（3）私人困难；（4）从良心深处抵触陪审团服务。根据《2003 年刑事审判法》第 9A 条，大法官颁布了一份关于免除和推迟裁定的指导手册，其中规定所谓"合理的理由"包括疾病、假期安排、在照顾小孩或者老人的安排上有困难、工作或商务事务、学期中的教学或考试安排、国会议员的国会义务、个人遇有特殊情况、与一方当事人或者证人有密切联系。

五、身体残疾

对于因为身患有残疾（如耳聋或眼瞎）而主动提出免除的申请，陪审团召集官（现已由 JCSB 所代替）应当裁定准许；即使其已经来到法院参加陪审团服务，法院也有权解除对其的陪审团召集令。

在过去，陪审团召集官（现已由 JCSB 所代替）对于身患残疾但仍然应召参加陪审团的人，通常会推定他们不具备担任陪审员的能力，从而直接做出免除其参加陪审团服务的决定。但自从《1974 年陪审团法》引入第 9B 条后，情况则有所不同，亦即，陪审团召集官应当允许此人担任陪审员；除非其本人认为自己无法有效履行陪审员职责而主动申请免除；或者是陪审团召集官对其能力有所质疑，应当送交法官，由法官来裁定此人是否应当担任陪审员。但是，对于那些重度残疾（如重度耳聋）者即只有在手语翻译的帮助下才能履行陪审员职责的人，法律规定几乎没有任何变化。例如，曾经的聋人团体执行主席 Jeff Mc Whinney 是重度耳聋患者，关于其是否能够担任陪审员的诉讼争议，法院最终于 1999 年 11 月做出判决，裁定其不具备担任陪审员的资格，因为，毕竟只有陪审员本人才能进入陪审室。直到现在，法律对于手语翻译陪同进入陪审室，依然严厉禁止。

六、能力不足

由于存在语言困难即英语能力不足，以致无法听懂或理解案件，从而主动提出免除的申请，陪审团召集官（现已由 JCSB 所代替）应当裁定准许；即使其已经来到法院参加陪审团服务，法院也有权解除对其的陪审团召集令。详言之，通常是由法院的相关人员将其送至法官面前，由法官负责做出免除其陪审团服务的决定。

大法官奥德认为，即使是最简单的案件，都会有一堆书面文件等待陪审团审阅，对于陪审员来说，必须能够具备一定的英语读写能力，因此，有必要建立一种针对陪审员语言能力的专项测试。对此，伦西曼皇家委员会指出，有研究表明，虽然包括陪审团主席在内的大部分陪审员都表示，自己对于所审理的案件已经足够理解，但实际上，这仅是他们自己的主观判断。事实上，有些陪审员甚至全体陪审团当时都还处在困惑之中，而这其实与陪审员的语言能力是息息相关的。但迄今为止，仍然没有建立起这种测试。目前的应对方法是，如果本人没有主动提出免除申请，则希望法官在陪审团选拔阶段能够对陪审员的言语能力进行过滤筛选，亦即法官应当对候选陪审团进行充分且委婉的警告：如果有人存在语言障碍，应主动提出免除请求且不必为此感到尴尬。如果法官此举依然未能将其筛选出来，则只能寄希望于控方在之后对其行使"暂时等候"权。

第三章

陪审团之选拔

关于"随机性"这一概念，是很难找到其法律或哲学出处的，即使在《1974 年陪审团法》中，也没有出现过这个词。[1] 莫里斯委员会是在 1965 年报告中首次将这一概念引进到英格兰及威尔士地区。[2] 虽然"随机性"是一个相对近期才产生的概念，但如今，其已经成为陪审团选拔的主导性原则，是陪审团选拔程序的本质所在。[3]

对此，大法官丹宁曾在法律附带意见中认为，英国的随机选拔陪审团与美国的精密选拔陪审团是两种截然相反的哲学理念。英国的理念是，陪审团应当从某一群体中随机地进行选拔，同时，正因为这 12 个人是经随机选出的，因此具有了民众代表性，能够代表普通大众的看法。而一个具有民众代表性的陪审团，也是最有可能做出公正裁判的，即使并不排除其中有些人可能品性端正诚实而有些可能不是，但对其所做出的裁判结果，案件当事人都应当予以接受。而在美国刚好相反，美国人认为，只有在一个精心设计的选拔机制中，才能保证陪审团的客观中立性。即应当向可能成为陪审团的人发放调查问卷，并在法庭上公开地逐一进行询问，之后再经由双方当事人行使强制申请回避权，从而排除那些在他们看来可能是不利于己方的陪审员，例

---

[1] 《1974 年陪审团法》第 11 条："负责审理某个案件的陪审团，必须只能是从陪审员名簿或者部分名簿中，在公开的法庭上经抽签选拔产生。"

[2] 《1965 年莫里斯报告》（*Morris Committee Report, 1965*），首次引进了"随机性"这个概念："陪审团应当是，一个经随机选拔出的具有社区代表性的实体。"之后，首席大法官在《1973 年实务指引》中写道："陪审团应当是，从相应的陪审团名簿中，经由随机选拔出的 12 个人所组成的。"

[3] 在某一案件中，刑事法院的某位引导员在发现陪审员人数不够时，干脆将其儿子选任成为陪审员，这严重违背了随机性原则。

如 1992 年的罗德尼·金案件，再如 1995 年的辛普森案件，以及 2005 年的迈克尔·杰克逊案件。在这些案件中，仅在陪审团的选拔组成这一程序上，就花费了数周甚至数月。而这些富有的被告人如辛普森，为了能够雇佣到陪审团咨询顾问，从而帮助他们选拔出最有利于自己的陪审团，则是全力以赴，不吝重金。

第一节　庭外选拔

一、建立陪审员总名册

要想选拔出合格的陪审团，首当其冲就是对合格的国民进行建档，也就是建立"陪审员总名册"。在《1974 年陪审团法》之前，陪审员需要具备一定的财产资格，也就是那些中产阶级精英人士，因此那时的陪审团名册是区别于"选民登记册"的，需另行单独地交由各地方政府分别进行统计和制作。现如今，法律已做出修改，陪审员的资格不再限于中产精英，即所有在选民登记册上的民众（且年龄在 18~75 岁并至少连续 5 年居住在英国），皆可经由随机选拔成为陪审员。

所谓选民登记册，就是由选举登记主任（Electoral Registration Officer）每年对那些有资格在地方议会和国会选举中参加投票的选民，审核后编制成的花名册。在这份名册中，详细记载了选民的姓名和居住地址，以及此人年龄是否在 18~75 岁。比起之前严苛的财产资格限定，这种将选民登记册作为陪审员名册来源的做法，显然更具有陪审团制度所要求的社会代表性。但是，达比希尔、莫恩和斯图尔特在对全球范围内的陪审团进行研究后认为，这种从选民登记册中进行陪审员选取的制度是有很大缺陷的，因为这份选民登记册并不能够代表整个社会。当然，从某种程度上说，这也是由许多因素共同作用引起的，诸如在教科书中经常提到的人口迁徙或死亡，以及代表着阶级和收入水平的居住地的改变。据估计，在英格兰及威尔士地区，至少有 20% 的黑人和亚裔人没有被登记在册。这可能是因为每年的登记表都是由户主来完成，他或她可能因为某些原因而隐瞒了一些成员，例如，如果房东想要借口只有他或她本人（一名成年人）居住在此，进而达到减免房屋税的目的，那么即使还有除房东以外的另一名房客存在，房东也可能会隐瞒不报。

对此，美国早在 20 世纪 60~80 年代就已经证实，选举名册根本无法代表整个社区。1968 年，美国国会通过了《陪审团挑选及服务法》（*Jury Selection and Service Act*，JSSA），其中规定，当联邦法庭的陪审团总名册与社区人口样本不符时，还应根据其他名册如驾驶员名册或者其他公共名册来进行补充。加利福尼亚州高等法院在审理 *People v. Harris*［1998］一案时，发现选举投票名册并不具有充分的社会代表性。随后，加利福尼亚州的立法机构要求该州所有的法庭采用选举投票名册及驾驶员名册并用的方式登记陪审员名册。此外，还有许多州通过并用其他种类的名册的方式来弥补选举名册的社会代表性不足这一问题，至于这些名册的来源渠道，可以说相当广泛，如电话黄页、城市目录、当地人口普查、财产和收入纳税人名册、享受福利者名册、高中毕业生名册、国家公民名册、公共设施客户名册、狩猎证名册以及养犬许可证名册等。

对于美国的这一改革，澳大利亚和新西兰也持赞同观点，采用选民名册和其他名册并用的方式。原因是，澳大利亚发现，其选举名册实际上将大量的乡下土著居民剔除在外；而新西兰也同样认为，其选举名册排除了许多毛利人。因此，有不少学者提出，英国应当仿效美国模式，对陪审团法进行修订。对于此项改革建议，大法官奥德十分支持，认为陪审员的资格应当是根据投票资格，而不是根据选民登记册来确定。但是，政府在2002 年白皮书《伸张正义》中做出了回应，表示拒绝接受此项改革提议，应当继续采用选民登记册这一方式，对其不足之处，可以通过改进选民委员会的工作以及提高选民登记册的质量来补足，从而确保选民特别是少数种族的登记准确率。对于政府的拒绝，许多学者认为，对于人口迁徙以及故意逃避选民登记的问题，政府不仅没有做出回应，而且也没有给出一个合适的理由。政府所谓的通过人口普查来提高选民登记册准确率的做法实在是自欺欺人，因为众所周知，人口普查存有太多的漏洞，例如，没有在选民登记册中的群体，可能同时也没有参加人口普查，尤其是年轻人。虽然政府对此宣称几乎所有家庭都参加了十年一度的人口普查。但即便如此，也并不意味着可以确保人口普查的准确性。❶尽管英国的社会各界对此争论很大，但是到目前为止，英格兰及威尔士地区依然将选举名册作为选取适任陪审员的唯一来源。

二、随机挑选适格的陪审员

根据《1974 年陪审团法》第 2 条规定，陪审团由大法官负责召集。在 2001 年以前，大法官的此项权力是通过当地刑事法院中的陪审团召集官来具体负责行使。但由于每一个负责召集陪审团的官员，都有自己的一套方法，如有些官员是采用按照字母顺序选择的方法，还有些官员采用按照街道进行选择的方法，甚至对于免除申请和推迟申请的裁量，各地法院召集官的态度也不一致。因此，为保证召集程序更富有随机性和连续一致性，英国政府将各地法院的陪审团召集程序合并到一个在当时是新成立的机构，即陪审团召集局，由其来负责从地方官方机构所提供的选举名册中随机挑选陪审员，召集陪审员到任（陪审员被分别召集到地方的刑事法院，且每一法院都有根据邮政编码而划分的管辖区域），以及处理回复陪审员的提问，并全权裁定免除或者推迟的申请。此次改革措施，不仅确保了人们能够受到平等的对待，且法律规则也得到了更加连贯的执行，还使得法庭所需陪审员数量的预估也更为准确。由此，陪审员们可以将更多的时间用在审理案件上，而不是在法庭外被动地等候。在英格兰及威尔士地区，所有的陪审员都是由 JCSB 通过电脑程序进行随机抽取。这一程序始于 1999 年 10 月，由 JCSB 选取了七个试点法院，通过电脑程序进行随机抽取陪审员，此后逐步推行，并最终于 2001 年初覆盖到每一刑事法院的陪审员召集中心（包括高等法院和地方法院）。

这些经电脑程序随机挑选出的人员，接下来会收到一份书面的陪审团召集令，也就是一份关于从事陪审团服务的说明手册，其中会告知陪审员需要在哪几天到当地的刑事法院参加陪审团服务。当然，JCSB 官员会尽可能安排陪审员到与其居住地距离较近的当地法院，且服务期一般为两周。但对于某些法院例如中央刑事法庭，由于其所审理的案件通常会花费较长时间，陪审员的服务期相应地也会更长一些。因此，JCSB 官员会提前询问陪审员，是否

---

❶ Cheryl Thomas and Nigel Balmer, Diversity and Fairness in the Jury System, *Ministry of Justice Research Series* 2/07, June 2007, p6.

愿意参加该级法院的案件审理。虽然陪审团服务是无偿义务性的，但对于因从事陪审团服务而花费的交通费、午餐饮料及可能造成的收入损失等，陪审员有权要求给予补偿。但各项补偿都有明确限额，因此并不是全额性的补偿。与此同时，在陪审团服务说明手册中，也会就陪审员的资格限制、不按时出席将会产生的罚金，以及如何申请免除或延期参加，逐一进行说明。陪审员一旦收到了此召集令，必须据实填写好相关表格，如自己是否具有陪审员资格，以及不具资格的原因，并在七日内做出回复。如果拒绝做出回复或者填写了虚假信息，则会被法庭视为一种犯罪行为，予以惩处。

根据陪审员们所做出的回复，并在逐一进行审核和裁量后，JCSB 官员将给各地刑事法院发送一份相应的名单，也就是陪审员名簿，上面记载着陪审员的姓名、住址和陪审团服务期。需要注意的是，在过去，关于陪审员职业的信息是可以被记载于陪审团名簿上的，但在 1973 年之后则不被允许，根据《1974 年陪审团法》第 5（1）条，关于可以写入陪审团名簿的信息内容，由上议院大法官和最高法院首席大法官共同商讨后决定。根据《1974 年陪审团法》第 5（2）—5（3）条，享有检查陪审团名簿权利的主体，包括被告人、任何一方当事人的事务律师和出庭律师，还有涉及此案的警官，当然，法庭也可以裁量准许其他人检查陪审团名簿。通过检查陪审团名簿（除了查看名簿中所记载的现有信息，也可以在必要时进行额外的调查），以剔除其中某个或某些陪审员。但申请回避权的行使只能是在审判开始之前或者审判中进行，一旦审判结束后，便不能再申请行使。实践中，辩方由于并不知道除陪审员的姓名和住址之外的其他信息，因此想要行使申请回避权，其实并不容易。而控方则会相对更容易一些，因为控方可以通过警方的电脑系统查看关于陪审员的刑事犯罪记录。但控方若要行使这一权利，也必须严格遵守《总检察长指引》。因此，实践中其实也很少见（在下文的陪审团审查中，还会提到）。刑事法院工作手册规定，对于陪审团名簿所提出的任何异议，都应立即向上级官员报告，且对于要求检查陪审团名簿的申请，都应予以书面记录。但近年来，由于时有恐吓陪审团的情况发生，因此也有学者提出，应废除对陪审团名簿进行检查这项权利。

此外，相对于各地刑事法院所实际需要的陪审员数量，JSCB 通常会召集到比其所需数量更多的陪审员，因此大多数情况下，陪审员在数量上都会有盈余。然而，一旦实际操作中出现误差，以至于没有足够的陪审员来组成陪审团，根据《1974 年陪审团法》第 6 条，法院则可以向附近具有陪审员资格的人直接发出召集令，而无须经书面告知。

第二节　庭内选拔

一、抽签选任陪审团

所谓选任陪审团（或称为宣誓就职陪审团），是指从所有在某一天应召到法院参加陪审团的人员名单（也就是陪审员名簿）中随机抽取 12 名男女，由其组成审理某个案件的陪审团。具体程序如下。

一般来说，每周一的上午，刑事法院会有一批新的案件需要处理，因此，陪审员应召到法院报到的时间，也多半会被安排在这个时段。届时，大约会有一百名左右陪审员到达刑事法院，再由法院相关人员将其统一安排到法院地下一层的陪审员会议室，听候进一步的指令。

被告人一旦做出了无罪答辩，则将有接受陪审团审判的权利。这时，法院陪审团执行官，就需要从陪审员名簿中随机抽取 20 位甚至更多的人，等待成为审理某个具体案件的陪审员。在过去，所有被记载在陪审员名簿中的姓名，会被分别做成卡片，并放入抽签箱中，由陪审团执行官负责从中抽取。现在，陪审员名簿已经被输入电脑系统中，陪审团执行官只需通过电脑随机进行抽取即可。这 20 名甚至更多的被随机抽中的人，会由法庭引导员从地下一层的会议室带出，进入审判法庭，坐到法庭中陪审席旁边的座椅上，等待成为审理这一具体案件的陪审员。同时，引导员会将分别印有等待成为陪审员的人的姓名和住址的一摞卡片，交由该法庭的书记官。法庭书记官通常会将这些卡片重新洗牌，然后再随机抽选出 12 张卡片（通常会选中在最上面的12 张），并将这 12 张卡片上的姓名予以公开宣读，这些被宣读的人，随机依次进入并坐列于陪审席中。

接下来，法庭会告知被告人，享有申请回避的权利。详言之，当这 12 名陪审员坐到陪审席中后，法庭书记官会对被告人说："某某被告人，刚才你所听到的 12 个名字，就是将要负责审理你的案件的陪审员姓名。你有权申请要求他们或他们当中的任何一个陪审员回避，具体会由法官做出裁量，但你必须在他们做出宣誓就职之前提出。"当然，由于被告人并不熟悉法庭程序，所以在听到关于申请回避权的告知后，通常来说不太能够理解具体该如何行使此权利。但由于绝大多数被告人都聘有辩护律师陪伴在旁，因此此项权利会交由其辩护律师代为行使。当然，在告知被告人享有申请回避权的同时，书记官也会询问这 12 名陪审员，是否存在与本案被告人或证人熟识或者与案件有关联等需要回避的情况，如有，则需要主动提出并经由法官做出裁定。

如果诉讼当事人对陪审员均无异议，则法庭将进入陪审员宣誓阶段。书记官会依次要求陪审员们逐一进行宣誓："我对全能的上帝起誓，我将依据证据，忠实地审判被告人，并做出公正的裁决。"（I swear by almighty God that I will faithfully try the defendant［s］and give a true verdict［s］according to the evidence）由于誓言已经被提前列印在了一张卡片上，因此陪审员只需宣读这张卡片但同时需将右手按在一本经书上（如果是基督徒则是新约圣经，若是犹太教徒则是旧约圣经，而伊斯兰教徒则是古兰经，等等）。如果当事人对陪审员提出了异议并得到了法官的支持，则这名被提出异议的陪审员将被要求离开陪审席，并由其他在法庭外等待成为陪审员的人予以代替。然而，由于绝对剔除权已被废除，因此实践中很少会有陪审员被剔除出陪审席的情况发生。

在全体陪审员宣誓就职后，书记官通常会询问是否所有的陪审员都进行了宣誓。在得到肯定答复后，书记官会宣布，此案被告人正式交由陪审团进行裁量审理（这只是一种传统做法，而并非必经程序）。随后，书记员开始宣读对被告人的控罪，例如"某某被告人被控有×项罪名。第一项控罪是违反《1968 年盗窃法》第 1 条，被告人于 2010 年 1 月 1 日偷窃了某人的 10 英镑现金。第二项控罪是……。对于第×项控罪，被告人做出无罪答辩，因此，将由你们来听取相关证据并给予有罪与否的裁决"。如果被告人对其中几项控罪做出了有罪答辩，而对另外几项控罪做出了无罪答辩，则对于被告人已经做出有罪答辩的那几项控罪，将不会被告知陪审团。在将被告人交由陪审团审理后，法庭审判程序也正式开始。

二、质疑剔除权

关于如何挑选出公正的陪审员，存在两种截然相反的观点。一种观点认为，选拔程序应当尽可能保持随机性。据此，某些群体（例如小孩和患有精神疾病的人、可能对案件存有偏见的人）就必须被排除在陪审团服务之外，但是这些不具备资格的群体，应被限定在尽可能小的范围内。进一步说，如果某人通过随机性的方式被挑选成为审理某个案件的陪审员，就不能因为其不具有陪审团服务的资格而被要求回避。对此，大法官劳顿提出，这种选拔方式可能会导致不公平裁判。例如，一名被告人被控非法狩猎且同时犯有故意伤害猎场看守人的行为，而负责审理此案的陪审团中含有这么一位陪审员，其在过去曾经作为陪审员，参与审理了多起非法狩猎案件且都做出了有罪判决，显然，该陪审员对于此类案件很可能是存有偏见的，法庭也似乎应当据此将其从陪审团中删除出去，但实践中法庭是不能这么做的，法庭并不能因此而否认其陪审员的资格。

另一种观点认为，选拔程序应尽可能挑选出那些对案件相对不存有偏见的人，也就是对某种类型犯罪存有偏见，或者通常对被告人存有支持或反对态度，又或者对某种被告人存有支持或反对态度。对于这种观点，美国有许多州已予以采纳。详言之，任何一方当事人都有权对陪审员进行询问，以评价其是否存有偏见。❶ 但是，这种询问程序通常会耗时很久且费用高昂。这也成为美国陪审团制度最为人诟病的方面之一。

在英国，虽然法律尤为重视陪审团选拔程序中的随机性，但还是采取了相对折中的观点，即不适任群体应被限定在尽可能小的范围内，并从选举名册中随机挑选出陪审员。在这之后，应继续采用随机抽签的方式，从陪审员名簿中选出具体审理某案的陪审员。然而，这种选拔上的随机性，也会经由当事人行使质疑剔除权而受到削弱。概言之：

根据《1974 年陪审团法》第 12（6）条，在普通法中，任何一方当事人都有权对整个陪审团申请回避，理由是负责召集该陪审团的官员，存在不适当的行为或者偏见，比如在 *R. v. Danvers*［1982］一案中，一名黑人被告人就

---

❶ 美国的陪审团询问程序，各州之间差别很大。一种是采用最简单的陪审员问卷方式，以德拉瓦州为例，法官只针对陪审员对该案是否有偏见列举出一些问题，陪审员只要勾选出"是"或"不是"即可。而且，法官在询问时，是一组一组地进行，而不是一个一个单独询问。另一种较为昂贵的方式，也是美国大多数州所采用的形式，是由法官及控辩双方律师一起进行询问，所询问的问题则较为广泛，且可以对陪审员逐一进行询问。陪审员除回答"是"或"不是"之外，还可以做开放式回答。法官及律师可以据此评估其是否存有偏见。

对整个陪审团提出了质疑，理由是由于此案陪审团全部是由白人组成的，因此不具有种族代表性。但在实践中，这种剔除形式即要求全体陪审员回避的情况是极少发生的。❶ 另外，当事人还有权对其中某些陪审员申请回避，也就是说，控方可以据此要求某位陪审员"暂时到一边去等候法院安排"。此外，控辩双方还可以行使有因剔除权，但是辩方的绝对（无因）剔除权已经于1988 年被废除。

（1）无因回避（已废除）

几个世纪以来，辩方曾拥有一项申请陪审员无因回避的权利，即在不必说明任何原因的情况下，辩方就可对一定数量的陪审员申请回避。当然，这项权利必须是在陪审员进行宣誓就职之前提出申请。一旦被申请回避，该陪审员应立即离席，并由其他人予以代替。关于被告人可以要求无因回避陪审员的人数，历史上一直是呈不断缩减的趋势：从最初的 25 人，于 1509 年缩减至 20 人，到1948 年为 7 人，再到 1977 年为 3 人。由于辩方几乎不受任何限制就可要求陪审员予以回避，因此实践中这项权利经常会遭到滥用，即使最后已经减少至 3 人。关于要求废除辩方无因回避权的呼声一直不断高涨，这项权利最终在《1988 年刑事司法法》中被彻底废除。与此同时，法律却依然保留了控方关于要求陪审员"暂时到一边去等候法院安排"的权利，从而导致控辩双方在剔除权上的失衡。但在美国刚好相反，大多数州的法律规定，任何一方当事人都可以通过行使无因回避权，从而促使陪审团在组成上更有利于己方。

虽然时至今日，辩方的无因回避权已经成为一段历史，但是，这并不意味着其可以被彻底忽略，毕竟，关于对陪审团进行改革的步伐从未停止，而且辩方也一直在努力试图重新夺回此权。

（2）检方要求陪审员"等候安排"

对于无因回避权，检方虽从未拥有过，但是其却享有一种与之类似的权利，即要求陪审员"等候安排"，简称"等候"。这项权利可以对任何一位可能成为陪审员的人行使，必要情况下，甚至可以对整个陪审团行使。详言之，如果控方律师想要剔除某个陪审员，只需赶在其宣誓就职之前，说一句"暂时等候"（Standing by），这名陪审员就应随即离席，并由另一位等候成为陪审员的人予以代替。关于要求陪审员等候在旁的理由，控方律师则无须当场

---

❶ 在这一案件中，此举并没有获得成功。

给出，除非出现了由于此人的缺席而导致陪审团无法成组的情况，也只有此时，控方才需要阐述理由并经由法官做出裁量。然而，如前所述，由于 JCSB 通常会召集上百位陪审员来到法院进行等候，也就是说供给远大于所需，因此检方的这种"要求等候在旁的权利"很少会出现用尽的状况，一旦提出，通常会由其他有资格的人来担任从而最终组成陪审团。因此，实质上可以说，检察官是在行使无因回避权，只是换了个称呼而已。

其实，在商讨关于是否应当废除辩方无因回避权之时，罗斯基尔委员会曾强烈建议，为了能够保持控辩双方的力量平衡，在排除辩方优先剔除权的同时，应撤销检方的要求陪审员等候权。不幸的是，政府当时只是想要废除辩方的无因剔除权，而不愿意剥夺控方的权利。因此，在《1988 年刑事审判法》中，并没有废除控方的优先剔除权，从而建立了一个明显有利于控方挑选陪审员的制度。由于显失公平，检方随后颁布了一个关于如何行使要求等候权的《总检察长指引》，重申了陪审团随机选取的原则，且任何人都不应当被随意地视为不合格或者不适任，除非是符合《1974 年陪审团法》中的相关规定。根据这一指引，检察官"要求等候"的权利，只有在遇有紧急的情况下才可以行使，且不能够用于试图影响陪审团的总体组成，或者为了使被告方处于优势，因此实践中，检察官极少行使这项权利。详言之，只有在以下两种情形下，检方才可以正当行使此权：❶

第一，在授权审查后剔除一名陪审员，亦即，检方根据案件事实以及被诉犯罪行为（如国家安全案件或者恐怖主义犯罪案件），在对陪审团进行审查后，认为某位陪审员有可能会受到安全威胁，或者其被怀疑有不正当的态度，或者其有可能会在受到不正当动机驱使的情况下做出裁定，经检察总长亲自特别授权后，检方可以行使这项权力；

第二，剔除一名"明显不适任"的陪审员，即某位即将宣誓就职的陪审员明显不适任，且被告人也赞同检方行使这一权利，例如一个文盲将要宣誓就职审理一件复杂的案件。

（3）有因回避

美国法律认为，通过询问陪审员的个人观点和经历，可以很好地剔除那

---

❶　The Attorney-General's, "Guidelines on the Exercise by the Crown of its Right to Stand By" (a Practice Note [1988] 3 All ER 1086).

些存有偏见的陪审员。因此在美国，可以通过对陪审员进行提问，从而鉴别出其是否存有偏见，亦即，陪审团询问程序（Voir Dire）。实践中，法庭需要在这一程序上花费数小时或者几天，甚至几周都有可能，例如1994的辛普森案件，在这一程序上就耗费了40天之久。❶

英国刚好相反，认为应当毫无保留地接纳和信任陪审团。因此在英国，除非已经有事实证据作为基础，否则是不能够对陪审员进行询问的。这就意味着实践中申请有因回避的情况其实是极为罕见的，因此陪审团选拔的过程一般只需几分钟即可搞定。这是因为：

第一，控辩双方对于陪审员缺乏了解。虽然法律规定可以通过检查陪审团名簿以剔除其中某个或某些陪审员，但申请回避权只能是在审判开始之前，或者审判进行中行使，一旦审判结束后则不能行使。而且实践中，尤其是辩方，由于并不知道除陪审员姓名和住址外的其他信息，而某些较大的刑事法院陪审团名簿中甚至包含了几百人，因此想要在审判开始之前就检查出这些陪审员是否适合审理该案，实际上是非常困难的。而控方则相对容易一些，因为控方可以通过警方的电脑系统查看到陪审员的刑事犯罪记录。但控方若要行使这一权利，又必须严格遵守《总检察长指引》，因此实践中也很少见。

第二，控辩双方可以提出申请回避的原因非常有限。在英国，无论是辩方还是控方，都需要基于一定的原因（也就是可以被法官所接受的足够合理的原因），才能申请陪审员回避，当然这也是在陪审员进入法庭后，审判法官所需要处理的首项事务（如果法官发现某陪审员与本案有关，则会立即要求该名陪审员回避）。但是，何为法官所能接受的好理由？最简单的例子，就是某个陪审员在这之前与被告人有一些交往，或者由于某种方式而与此案有牵连。当然还可能是有其他一些不太明确的原因，如基于陪审员的某一种态度或者是政治信仰。关于这些因素是否能够成为反对陪审团的理由，争论很大，最著名的就是Angry Brigade's 1971案件，被告人被控向保守党政府主要成员投掷炸弹。在选拔陪审团的过程中，辩方律师提出，应对陪审员进行询问（例如是否是保守党成员，或者是否与警察有某种关系，或者是否曾在北爱尔兰军中服役等），而且，那些有此类社会政治因素的陪审员应当自行回避。对

---

❶ M. George, Jury Selection, Texas Style, 138 *New Law Journal*, 24 June 1988, p438; R. May, Jury Selection in the United States: Are there Lessons to be Learned?, *Criminal Law Review*, 1998, pp270–273.

此，法官裁量决定，全部予以支持。结果，有39人被要求回避，而另外的19人则承认了自己有不适任的情形。此案审理结束后，首席大法官随即宣布应禁止这种询问，因为这与申请免除陪审团服务的理由是恰好相反的。也就是说，不能够因为种族、宗教、政治信仰或者职业等原因而剔除陪审员，也不应当提出涉及这些因素的问题。换言之，申请陪审团回避的原因，只能是非常有限的领域。❶ 可见，对于控辩双方来说，要想行使有因回避权，实际上相当艰难。

关于申请回避中的原因阐述程序，根据法律委员会的相关建议，司法研究委员会于1989年颁布了一份建议性程序。亦即，如果律师能够说明申请陪审员回避的原因，且对这一原因进行阐述并不会损害当事人的利益，也不会造成这位被申请回避的陪审员陷入尴尬，那么法庭对此应予以公开处理。反之，陪审员们应当被要求退出法庭并进入陪审室，随后，法官将决定是否要求在旁听席上的媒体和公众也退出法庭。但是，关于申请回避中的原因阐述无论是否能够在法庭上公开进行，对这一事项的处理，都不能够在法官办公室中私下进行。

(4) 陪审团审查程序

陪审团审查是指控辩双方为了更有效地行使申请回避权，从而对陪审团名簿中的候选陪审员进行背景调查，以便确认他们是否适合审理裁决这一案件。显然，陪审团审查程序与陪审团选拔随机性这一基本原则是相冲突的，但也有其合理正当性，例如是为了防止陪审团成员在一个敏感案件的审判过程中，向外界透漏任何信息；再如是为了剔除持某种极端政治观点的陪审员，从而确保案件审判的公正性。因此实践中，对于是否应当允许控辩双方对陪审团展开调查，一直争论不休。但这并不是因为陪审团审查程序本身不合法，恰好相反，《1974年陪审团法》第5 (2) 条赋予了控辩双方检查陪审团名簿的权利，也就是说控辩双方可以查看到陪审员的姓名和地址，但关于是否对陪审员背景（如态度倾向等）进行调查，法律对此并没有进一步的规定。实

---

❶ 例如，与案件事实有牵连，或者与一方当事人（或者证人）有私人关系；再如，在审判过程中，因不可预知的工作或私人困难，如孩子无人照顾，或者国会议员因为有紧急的国会事务需要处理，此时审判法官可以决定暂时休庭，也可以选择将此陪审员予以解雇，并在陪审团人数已经减少了的情况下，裁定仍然继续审理。对此，法律也在不断修订中，例如在2005年之前，还可以因为良心上排斥担任陪审员而申请回避，但这在2005年修订中已经被删除。

践中，由于某些较大的刑事法院陪审团名簿中甚至包含了几百人，因此想要有效地检查出这些陪审员是否适合审理该案几乎是不可能的，尤其是辩方，特别是在法律援助案件中，辩方根本不可能得到资金去雇佣私人调查员；而控方貌似有更多有利资源（如通过警察），但其实一般来说，控方唯一能够进行检查的，也只不过是查看陪审员的刑事犯罪记录。如果发现陪审员有不适任的刑事犯罪记录，控方可据此申请有因回避。但是，控方若要对陪审员进行除刑事犯罪记录之外的其他审查必须严格遵守《总检察长指引》，因此这在实践中也是很少见的。

实践中，陪审团审查程序是在 Angry Brigade's 1971 案件之后才逐步得到发展，特别是在 1978 年备受关注的 ABC 案件中（其中三名被告人的姓氏为 Aubrey、Berry 和 Campbell，取其首字母而得名）。据《泰晤士报》披露，为确保陪审团的"公正性"，当时继任的检察总长利用特权，秘密审查了该案候选陪审员的背景。正是由于这个案件，检方被迫公布了审查陪审团的指导方针。自此之后，检方的这一指导方针就一直被不断地更新，并且曾在 1988 年得以集中编撰出版。[1] 此项指导方针重申了三项基本原则，亦即，正常情况下陪审员应当从陪审团名簿中随机选拔；只有符合《1974 年陪审团法》所列出的理由时才能认定陪审员不合格；控方申请候选陪审员回避的正确方式是在公开的法庭上行使要求等候权或者是申请有因回避。而且，该指导方针高度概括了某些具有公共重要性的特殊类型案件，对于此类案件，有可能需要对陪审员进行除了刑事犯罪记录之外的其他适当审查，这些特殊案件包括：

第一，国家安全案件，其中关于证据部分的听审，可能会通过摄影机录制进行；

第二，恐怖主义案件。

在这些特殊类型案件的审判中，陪审员的政治信仰有可能造成审判时存有偏见，从而影响其对案件事实的公平判断，或者给同伴施加不当的压力，尤其是在涉及国家安全的案件中，陪审员或出于自愿或迫于压力，可能对外泄露证据。实践中，对陪审团的审查，基本是通过警方刑事记录或警方政治保安处分记录进行的。但在国家安全案件中，国家安全部门也可能被牵涉其中，如果政治保安处和安全部门想要进行陪审团审查，则需要由检察长来向

---

[1] Practice Note（jury：stand by：jury checks）〔1988〕3 All ER 1086.

检察总长提出申请，并由检察总长亲自授权。❶ 关于陪审员的家庭、邻居以及朋友的问题，一般来说是不允许被调查的，除非有证实陪审员身份的必要，即怀疑其与警方原先的刑事或政治保安记录不符。

关于陪审团审查程序一直存在争论，特别是在上诉法院内部，意见冲突相当严重。第一个案例是 *R. v. Crown Court at Sheffield*［1980］案件，当时的一审法官解散了第一次选拔出的陪审团，并且为了减少陪审团受到胁迫的危险继而命令从不同的地区进行选拔。对此，上诉法院民事法庭认为，对陪审团进行审查是违宪的，是对个人隐私的严重侵犯，更何况《1974年陪审团法》并没有允许对陪审团进行审查。第二个案例是 *R. v. Mason*［1980］案件，上诉法院刑事法庭认为，当有证据表明某些陪审员对于自己不具备担任陪审员资格这一事实予以隐瞒，为了剔除这些不具备资格的陪审员，有必要对陪审员进行审查。在之后的 *R. v. McCann and others*［1990］一案中，也就是"温彻斯特三人案"（Winchester Three），上诉法院刑事分庭认为，根据检察总长的指导而进行的陪审团审查，以及经过检察总长批准对候选陪审员所行使的要求等候权，是适当的且符合宪法的。可见，上诉法院对陪审团审查这一做法，表现出了进一步的支持。自此以后，关于陪审团审查的法律地位基本被认定为：为了剔除不具备资格的陪审员而对有罪判决刑事记录进行审查，是合理的；根据检察总长的指导而对警察的政治保安处记录所进行的审查或者其他的调查，也是合法的。❷

---

❶ 《总检察长指引》在以下两者之间做出区分：一是，由警察执行的审查，即警察可以例行常规对刑事犯罪记录进行检查，无须检察总长的亲自授权，以确保陪审员中没有不具备资格者；二是，授权检查（authorized checks），需要检察总长的亲自审批同意，即需要经过检察总长的个人同意才可以进行，并需要附上由检察长所做的推荐信。1997年，达比希尔教授曾就此请教过时任检察总长尼古拉斯·莱伊尔先生，大概经过多长时间会进行一次这种亲自授权的陪审团审查。检察总长回答说，他自己从来都没有受理过这种审查。这表明，实践中此种亲自授权的陪审团审查，其实是很少发生的。

❷ Terence Ingman, *The English Legal Process* (13th, edn., Oxford：Oxford University Press, 2011), pp240-241.

第四章

陪审团组成对裁决之影响*

1936年美国最高法院首席法官查尔斯·伊凡·休斯曾言道，所谓公正，并不是指某个人或者什么样的人所具有的一种特性，而是指一种意志。这一观点恰好阐明了当下的英格兰及威尔士地区民众对于陪审员所思所行的期许。人们期望，作为民众代表的陪审团，能够忠实地摒弃一切既有的偏见，只是依照证据做出完全公平、公正的裁决。至于陪审团的组成，也就是陪审员的个人背景特征如性别、年龄、社会经济地位、种族等，则统统被认为是无足轻重的。英国人的这些想法，是否有些过于自欺欺人？

事实上，在影响陪审团裁决的所有因素中，"证据"确实是其中最主要的影响因素。布里奇曼和马洛针对10个重罪案件中的65名陪审员研究后发现，对于59%的陪审员来说，参加证据展示和审查证据是最能影响审判结束后陪审员做出裁决的因素。但除此之外，对于陪审团的组成，也就是陪审员的个人背景特征，是否会对陪审团裁决产生影响，直到现在，学者依然莫衷一是。例如维舍认为，陪审员的个人背景特征对于审判结果所产生的影响实际上是微不足道的。而埃尔斯沃斯认为，基于完全相同的证据，不同的陪审员所做出的裁决结果是不同的。也就是说，陪审员中的个体差异会对审判结果产生重大影响。

---

* Penny Darbyshire, Andy Maughan and Angus Stewart, "What Can the English Legal System Learn from Jury Research Published up to 2001?", pp12–20.

第一节　陪审员的性别

多数研究认为，性别因素对于陪审团作出决定所产生的影响是很复杂的，因此不必将影响陪审团作出决定的因素限定在性别这一个因素上，而是应结合其他因素综合分析。例如，米尔斯和博汉农在根据对巴尔的摩市随机选拔的 117 名女性和 80 名男性陪审员的调查问卷做出分析后发现，对于某些案件如强奸案和杀人案，男性陪审员的有罪判决率较低（强奸案53%，杀人案 50%），女性陪审员的有罪判决率较高（强奸案 78%，杀人案71%）。可是，再结合种族因素进一步分析后发现，最大的性别差异是黑人，其中黑人男性陪审员的有罪判决率为 50%，黑人女性陪审员的有罪判决率为 73%，明显高于黑人男性。但是，在白人群体中，男性与女性陪审员对此并没有明显的不同。此外，在陪审员的个人决定与陪审团整个团体的最后决定是否一致这个问题上，具有明显的性别差异。有 67.5% 的男性陪审员其个人决定与最后的团体决定相一致，而有 81% 的女性陪审员其个人决定与最后的团体决定相一致。而且，只有 5% 的女性陪审员会改变其最初的个人决定，从无罪判决改为做出有罪判决，而有 10% 的男性陪审员会这么做。也就是说，在个人最初的有罪决定与团体最后的有罪判决相一致的陪审员中，女性的比例更高。❶

布里奇曼和马洛在通过对伯明翰 276 场陪审团审判研究后发现，某些含有 4 名以上女性的陪审团，虽然其有罪判决率确实比全部都是由男性所组成的陪审团要低一些，但是其无罪判决率却等同于全市平均水平，而且陪审团中女性的数量对于有疑问的裁决来说，不会产生什么实际的影响。但是，不得不承认的是，由于陪审员对与自己同性别的被害人更容易产生共鸣，因此，对于某些重罪案件如强奸或抢劫罪案件，女性陪审员比男性陪审员更有可能根据间接证据判定该案的被告人有罪。但是，由于性别这一因素，可能与其他因素存在着互动效应，因此这种观点需要结合其他因素

---

❶　C. J. Mills and W. E. Bohannon, Juror Characteristics: to What Extent Are They Related to Jury Verdicts? 64 *Judicature*, No. 1, 1980, p23.

综合考量。例如,做出有罪判决的男性陪审员,家里孩子较多,但收入较低。也就是说,那些在陪审团进入审议程序之前就倾向于做出有罪判决的男性陪审员,有较多的小孩或者将更多的精力投入家庭中;而那些在进入审议程序之前就倾向于做出有罪判决的女性陪审员,有着很强的报应性的司法观念。[1]

第二节 陪审员的年龄

如同性别因素,学者对于陪审员的年龄到底是否会对裁决产生影响,结论各有不同。西利和考尼什研究发现,陪审员的年龄与其所做裁决之间存在着重要关系,其中最有力的证据就是年轻的陪审员给予无罪判决的比例很高。这是因为,由于可能会对与自己同样年轻的被告人产生认同感,因此年纪越小的陪审员就越有可能做出无罪裁决。米尔斯和博汉农研究认为,陪审员做出有罪裁决的概率通常会随着其年龄的增长而提高,尤其是在强奸案中,年龄和有罪判决之间有着紧密的联系。详言之,女性陪审员做出有罪判决的概率一直很高且稳定,而18~25岁的男性陪审员做出有罪判决的概率是最低的。但是,鲍尔温和麦康维尔认为,在英格兰,陪审团的年龄构成,无论如何都不可能对案件结果产生任何影响。里德针对美国路易斯安那州大约240名陪审员进行研究也发现,陪审员的年龄与其所做裁决之间没有什么必然联系。

然而,彭罗德和黑斯蒂指出,在陪审团审议过程中,年龄因素似乎确实会造成某种差异。他们研究发现,对法官所做指示的记忆力,以及对案件事实的记忆力,年龄与这二者之间,确实存在着明显的联系,即高龄陪审员的表现明显不如年轻陪审员。但是实践中,年龄因素并不会完全决定陪审员的审议评估,因为陪审员通常更相信自己的判断,或者说,来自其他陪审员的劝说压力似乎并不会对其裁决产生决定性影响。

---

[1] Moran and Comfort, Scientific Juror Selection: Sex as A Moderator of Demographic and Personality Predictors of Empanelled Felony Juror Behaviour, 43 *Journal of Personality and Social Psychology*, No. 5, 1982, pp1052-1063.

第三节　陪审员的社会、经济地位

陪审员的社会、经济地位与其裁决偏好之间的关系似乎无法确定且充满矛盾。西利和考尼什认为，当不利于被告的证据非常充分时，体力劳动者极有可能做出有罪判决。但里德认为，个人的社会地位、受教育程度、职业地位越高的人，就越是有可能做出有罪裁决。

莫兰和舒适研究认为，收入越低的男性陪审员，越有可能做出有罪判决。米尔斯和博汉农认为，男性受教育水平越高，就越是有可能做出无罪裁决。但布里奇曼和马洛认为，陪审员的个人背景特征，无论是对审判程序还是裁决结果，都没有太大的影响。

有证据显示，陪审员的职业和教育背景，确实能够影响其在陪审团审议过程中的表现。彭罗德和黑斯蒂认为，职业地位对记忆力的影响结果与教育背景对记忆力的影响结果基本持平。受教育程度最低的陪审员中，只有48%的人能够记住证据所反映出的事实，相较之下，受教育程度最高的陪审员中，有70%的人能够做到这一点。此外，一项对269名陪审员所做的研究显示，许多因素如居住在富人区、阅读报纸以及婚姻状况，造成了陪审员在裁决倾向上出现了11%的方差。❶

可见，如同性别因素和年龄因素，社会、经济地位对于陪审员裁决的影响也是无法确定的。然而，以上三种因素，即陪审员的性别因素，年龄因素，社会、经济地位，对于陪审员在审议过程中能够产生影响，则是毋庸置疑的。

第四节　陪审员的种族

陪审员的种族背景真的会对其裁决产生影响吗？历史上，除了著名的辛

---

❶　Reid Hastie, Steven D. Penrod and Nancy Pennington, *Inside the Jury* (Cambridge: Harvard University Press, 1983), p135; pp137-138.

普森杀妻案，还有罗德尼·金案件❶，这些声名狼藉的审判足以证明，种族确实有可能会成为影响陪审团裁决的一个因素，或者至少可以说，这一敏感问题已经引起全社会的强烈关注。详言之，当黑人和少数族裔（Black, and Minority Ethnic, BME, 在英国是指非白人族裔）被告人遇到一个全部由白人所组成的陪审团审判时，会产生两种担忧：一种是全部由白人所组成的陪审团，实际上确实不公平地对待 BME 被告人；另一种是全部由白人所组成的陪审团，看起来似乎有可能不公平对待 BME 被告人。同理，当黑人和其他少数族裔作为被害人，白人作为被告人，遇到一个全部由白人所组成的陪审团审判，公众也会同样担心，种族因素可能导致陪审团的不公正裁判。

关于陪审团是否应当具备种族混合性的问题，多年来学者一直争论不休。在 *R. v. Ford*［1989］一案中，黑人被告人就借口陪审团不具备种族平衡性，而提出申请整个陪审团回避，理由是担心这种全部由白人所组成的陪审团无法做到公正审判。但审判法官拒绝了被告人的回避申请，这一裁定还得到了上诉法院的支持。因为审判的公正性，应当是通过随机选拔所组成的陪审团来得以实现，如果硬是要求陪审团具备种族平衡性，则有悖于随机性这一基本原则，而且这种人为制造出的种族平衡陪审团，根本不具备公正审判的可能性。类似的案件还有 *R. v. Tarrant*［1997］，其中被告人因被控犯有与毒品有关的犯罪而被裁定为有罪成立，但负责审理该案的陪审团并非来自法律所规定的地区，而是由其他地区的陪审员所组成，审判法官之所以这么做，是为了降低陪审团受到威胁的风险。但是，上诉法院却推翻了这一有罪判决，理由是该审判法官不正当干预了陪审团选拔程序，违反了陪审团随机选拔这一基本原则。详言之，法官确实有权力基于个别陪审员可能不能很好地履行陪审员义务而将其解雇，但是却无权干涉陪审团的组成，亦即，法官无权为某一特别的审判而选任组成一个多种族的陪审团；同理，法官也无权仅仅因为怀疑当地的陪审员可能受到不当干扰而要求从正常的受托地区之外选取陪审员。这种人为创造种族混合陪审团的做法，违反了陪审团选拔程序的天然随机性，而随机性又是陪审制度的本质所在，因此法律是不可能接受的。

但与此同时，如果陪审团存在种族不平衡问题，则法官需要设法确保不

---

❶ 四名白人警察实施了暴行，其中一名被告人罗德尼·金，在案件事实清楚且证据充分的情况下，经过全部由白人所组成的陪审团审判，最后被裁定为无罪。

会造成种族偏见，否则，审判的公正性又会遭受质疑。❶ 例如，2000 年 5 月，欧洲人权法院（European Court of Human Rights）认为，在 *Sander v. United Kingdom*［2001］一案中，以 4∶3 的大多数一致裁决，使得一名英国亚裔人接受公正审判的权利受到了侵犯，理由是给予其有罪判决的陪审团存在种族偏见。详言之，这名英国亚裔人 Kuldip Sander 因被控有共谋诈骗，于 1995 年 3 月在英国伯明翰刑事法院接受了一审裁判，但在审判过程中，有一名陪审员向法官递交了一张纸条，上面写道："我决定不再保持沉默。在审判中至少有两位陪审员公开表达了种族主义言论，因此我担心，被告人可能会受到不公正审判，因为，陪审团如果最后裁定被告人有罪，很可能并不是基于证据，而仅仅因为其是亚裔。请告诉我该如何处理。"法官旋即中止了该案的审判，并向控辩双方做出了通报。被告人由于担心存在种族主义，而向法官提出立即解散陪审团。但是，法官拒绝了这一请求，并决定召回该陪审团继续审判。随后，法官向陪审团宣读了这一投诉，并告知陪审团："我不能也不打算，就此投诉的真实性展开调查，因为这个案件已经耗费了大量的金钱。因此我并不想在此刻中止审判，但若情势所迫，我也会这么做……我给你们全体陪审员一夜的时间考虑，到底是否能够在摒除个人偏见的前提下依照证据进行审判。如有需要请文字留言，并于明早到达法庭时经法警转交给我。"第二天早上，法官收到了陪审员的两封信：第一封信，是由全体陪审员签名（包括那位向法官投诉的陪审员），内容是确保自己将摒除一切种族偏见；第二封可能是由那位开种族玩笑的陪审员所写，他为自己的冒犯行为进行道歉，并解释自己在日常生活中对少数族裔很友好，不存在任何偏见。于是，法官做出了决定，不再解散陪审团，继续审判。最后，陪审团裁定，被告人有罪成立（但与此同时，无罪开释了同案的另一名亚裔被告人）。随后，被告人提出上诉，主要理由是陪审团存在种族主义偏见，但是，被上诉法院驳回。最终，此案被提交到了欧洲人权法院。欧洲人权法院在经过审查后，大多数法官一致裁定认为：英国的这一审判违反了《欧洲人权公约》第 6 条，损害了被告

---

❶　还一个有趣的案例是 *R. v. Lakhbir Deol*［1994］，一名亚洲人被控于 1993 年在斯托克（英格兰斯塔福德郡城市）谋杀一个白人。由于斯塔福德郡基本都是白人而伯明翰有大约 25% 的少数人种，因此被告人的律师请求将审判地点从斯塔福德郡移至伯明翰。但法官拒绝了这一请求，因此审判仍在斯塔福德郡进行，结果被告人被无罪释放，由此可以证明被告人的担心是没有道理的，但是最初被告人确实是有这些担心的。

人接受公正审判的权利。因为纸条上的投诉内容，足以引起被告人或者任何旁听者对法庭公正性产生怀疑，而这并不是能够通过一封共同署名信或者法官对于陪审团的再次指引，就可以完全消除的。法官虽然可以拒绝解散陪审团，毕竟解散陪审团不是确保公平审判的唯一途径，但至少法官应当采取一些更加强有力的措施，从而确保法庭的公正审判。

接下来的问题是，当面对此类投诉时，法官是否有权对陪审室中所发生的情况展开调查？答案是否定的。《1981年藐视法庭法》第8条禁止对陪审室中的情况进行调查，即使法官也不可以。例如，在 *R. v. Qureshi*［2001］一案中，被告人被控犯有纵火罪并试图诈骗他人财产，陪审团裁定其有罪成立。但在裁决做出三天后，一名陪审员向法官投诉，在审判初期，就有一些陪审员发表了种族主义言论，并宣称自己会给出有罪判决。于是，被告人据此提出上诉，但依然被英国上诉法院驳回，理由是，此案不同于 Kuldip Sender 案件，因为 Kuldip Sender 一案的投诉是发生在审判过程中，而此案的投诉是在有罪判决做出后即审判结束后。法院裁定认为，自陪审团被选任成功的那一刻开始，陪审员对于彼此之间的谈话应互相予以保密，至少不能向陪审团以外的人透漏，这也就是陪审团秘密规则。当然，其合理性一直是备受质疑的，尤其是当陪审室中出现了不公正审判的情况时。❶

在 *R. v. Smith*［2003］一案中，英国上诉法院再次确认了 *R. v. Ford*［1989］一案的原则，即随机选拔出的白人陪审团对被告人并非不公。换言之，陪审团的构成是可以不具有种族混合性的（美国最高法院也做出了类似的规定）。然而，法院同时也认为，陪审团选拔程序不可以侵犯到被告人根据《欧洲人权公约》第6条所享有的接受公正审判的权利。❷ 但是，在英格兰及

---

❶ P Robertshaw, Responding to bias amongst jurors, 66（1）*Journal of Criminal Law*, 2002, pp84-95.

❷ 另一援用《欧洲人权公约》第6条的案例，是 *R. v. musbtaq*［2002］案，被告人被控共谋诈骗，陪审团裁定有罪，被告人随后提出了上诉。详言之，在侦查阶段，被告人向警察承认自己在共谋犯罪中起了次要作用，但到了审判阶段，又宣称这份有罪供述是迫于压力做出的。法官认为其并非是受迫做出，因此裁定供述有效，并在向陪审团总结概述时，强调这一有罪供述是本案的核心和关键点。被告人在上诉中提出，法官对于陪审团的这一指引违反了《欧洲人权公约》第6条，陪审团作为独立的公众权威，有责任保护他的权利。上诉法院驳回了该上诉，认为关于有罪供述是否具有可采性的问题，属于法官的事务，如果控方不赞同法官关于有罪供述有效的裁定，则陪审团压根就不会接触到这一证据。法官和陪审团间的功能区分与保护被告受到公正审判的权利是一致的，不能因为陪审团是独立的公众权威，就因此具有不同于法官的保护被告的责任。在刑事审判中，整个法庭应当相互协作以共同确保审判的公正性。

威尔士地区，被控犯有恐怖犯罪的爱尔兰被告人，有时却很难受到公正审判，英国历史上最为臭名昭著的审判，也是对爱尔兰被告人做出的。海伦娜·肯尼迪曾在访谈中表示，在英格兰对于爱尔兰共和军的审判，惯常做法就是剔除爱尔兰陪审员，甚至刑事诉讼中的每一个环节都对爱尔兰被告人存有歧视。可见，英格兰及威尔士地区陪审团的种族组成，早已上升至政治层面，成为无法回避的敏感议题，政府应当予以高度重视并谨慎对待。但是，到目前为止，英国政府依然没有采纳关于试图对陪审团种族组成进行人为干预和平衡的建议，因为，一旦准许种族混合陪审团，不仅破坏了随机性这一基本原则，而且将给法庭增添负担，使得一些没有必要的案件却受到了特殊对待，且给没有价值的上诉提供了理由；不仅对于被剔除的陪审员而言，是歧视且不公正的，而且对少数族裔陪审员而言，由于个人观点和态度会受到过分重视和衡量，因此处境将会相当尴尬艰难，甚至对整个陪审团都会造成莫名的紧张和压力，会严重损害审判的公平性，因小失大，得不偿失。

第五章

法官之角色与职责

陪审团审判的准确表述应是"陪审团与法官审判",如果忽略法官在诉讼中的重要作用,则根本无法完整地讨论陪审团审判。虽然审判的基本原则是陪审团负责决定"事实"而法官负责"法律"事项,但是这种对法官和陪审团的功能划分,只是一个粗略甚至片面的描述。因为刑法是一个相当复杂且不断发展的领域,陪审团只有在能够理解所控犯罪法律概念的前提下,才有可能对事实做出决定,亦即,陪审团负责决定事实时,需要涉及"法律"层面。在很多案件中,这一"法律"层面似乎简单明了,但如果被告人辩解提出不在场证明时,则此时陪审团就需要做出一个纯粹的"事实"判断,即被告人是不是那个实施犯罪的人。再如,在谋杀案件中被告人的杀人"故意",或者诈骗案件中被告人的"欺诈故意",对于这些法律层面的问题,显然并非直白易懂。关于这些概念的法律解释,首先需要经过高等法院仔细斟酌后才能确定;其次,对于这些概念的法律意义,还需要经由裁判法官在总结概述环节中谨慎地阐释给陪审团;最后,才轮到陪审团做出最终的事实决定。因此,那些关于陪审团能够全权负责事实裁定的说法,显然低估甚至忽略了案件中法律层面上的复杂性。

通常情况下,陪审团在法庭中的角色只是单纯且被动地进行听审。当然,有时陪审团也会通过给法官递纸条来主动地询问一些问题。随后,法官将就纸条上的内容做出决定,即是否可以提问,若可以问,则法官会做出相应回答,或者要求诉讼双方的律师给予解答。并且每当休庭时,法官通常都会警告陪审团,若没到最后审议阶段,陪审团不能在内部讨论或者交流案件。与此同时,相较于大陆法系,法官在对抗制诉讼中的作用绝大多数情况下都是单纯且被动的。但是，如果相较于陪审团，法官则是相当积极主动地参与审判，比如，当法官需要就一些法律争点做出规定，尤其涉及证据可采性时，如果争论时间较长，则法官会主动要求陪审团退席；相较于陪审团对案件的了解，法官会通过主动提前阅卷，知晓更多的案情；在起诉阶段结束时，法官会对律师所提交的没必要进行争论的辩护意见主动做出处理。

第一节　在法律事项上指引陪审团

控诉案件的最后一步也是最有意义的一步，就是法官的总结概述，亦即，法官将就法律事项对陪审团进行指引，并帮助陪审团完成对事实做出决定的任务。虽然不可能知晓陪审团做出某一裁决的具体原因，但存在一个合理的假设，即法官对于案件的态度一定会对陪审团产生相当重要的影响。在听完控辩双方不同角度的有力陈述后，陪审团便把目光转向法官，期望法官能够客观居中地帮助其明辨是非（也就是排除与事实不相干的论点并强调出事实关键点），当然，律师却未必会像陪审团那样深信法官的超然中立。

法官在法律方面的总结概述通常会涉及以下事项❶：

（1）法官需要就其与陪审团在审判中各自的作用向陪审团做出阐释。例如，法官有权决定法律事项，对于法官就法律事项所做出的指引，陪审团必须接受；陪审团有权对事实做出决定，在此过程中法官可以给予一定的帮助，但对此陪审团可以不予理会。关于法官和陪审团各自功能的阐释，完全不是走个形式或过场那么简单，一旦有所疏漏，就可能因此导致上诉成功。

（2）法官需要向陪审团解释证明责任和证明标准。在 *R. v. McVey* [1988]一案中，上诉法院就法官在总结概述中对于陪审团的指导内容做了清晰的表述，即一般来说，应包含举证责任、证明标准、犯罪行为的构成要素或者称陪审团所审犯罪行为的构成要素。对此，爱德华·格鲁教授在一次题为《法律指引》的演讲中阐释道："对陪审团所进行的关于举证责任方面的指导，其实是在告诉陪审团：到底应由谁来证明这个案件。也就是说，证明被告人有

---

❶　John Sprack, *A Practical Approach to Criminal Procedure* (10th, edn., Oxford: Oxford University Press, 2004), pp349-351.

罪的责任在于控方，而不是被告人。亦即，检察官应当负责证明被告人有罪，但被告人无须证明自己的清白。对陪审团进行的证明标准方面的指导，相当于告诉他们：除非陪审团对于能够证明被告人有罪成立的所有证据达到了排除一切合理怀疑的程度，否则就必须将被告人无罪开释。"❶ 对于证明标准有两种可接受的用语，即陪审团必须"确信"或者"满意，以至于陪审团认为能够确信"，因此通常也可以表述为，陪审团只有在对于被告人是有罪的这一点上确信无疑时，才可以做出有罪判决。当然也可以将两者混合使用，即"你们必须确信排除了一切合理怀疑，以至于你们肯定被告人有罪成立"。

（3）法官在向陪审团解释某种犯罪行为时，还需要包括关于控方为了证明被告人有罪成立所应当证明的事项，且应尽可能使用最为简洁易懂的法言法语。例如，史密斯被控盗取了约翰的雨伞，却辩称是一场误会，这时法官需要向陪审团做出类似如下的指引："各位陪审员要知道何为盗取，即在明知不属于自己所有的情况下，仍然不诚实地占用了别人的财产，且不打算予以归还。本案中，约翰先生说其是于下午一点钟将雨伞落在了卫生间，当两点钟返回卫生间想要取回时发现雨伞不翼而飞，最终是到警局找回了该雨伞。被告人对于这份证据完全无异议，因此不难断定，确实有人偷了雨伞，但女士们先生们，这完全由你们做主。可问题是，盗取雨伞的那个人是不就是被告人呢？"如果被告人史密斯提出他被误解了，即他是将雨伞错认成自己的雨伞而拿走的，或者提出是未经授权的借用，即他之所以拿走雨伞是为躲避大雨但之后是打算要归还的，那么法官这时就应当做出以下强调，所谓盗窃罪的成立，对于第一种情况，该占用行为必须是不诚实的；对于第二种情况，则必须是想要永久性地占用。

（4）对于某些特定情况下的证据，可能需要就一些证据事项向陪审团做出解释说明。例如，就伤害罪案件来说，关于相关证明责任和证明标准的基本指引本身是不充分的，因为若被告人提出正当防卫，则陪审团可能会误以为这应当由被告人来负责证明，因此这时法官就需要告知陪审团，即关于被告人没有实施正当防卫这一事实，应当是由控方来负责证明；反之，有些例外情况是由被告人负证明责任（如被告人减轻刑事责任），则法官不但应当对

---

❶ Michael Zander, The Criminal Standard of Proof—How Sure is Sure, 150 *New Law Journal*, 20 October 2000, p1517.

此，而且应就被告人所需要达到的证明标准（如超出平衡的概率），向陪审团做出解释。再如，如果被告人提出其是被认错人了，则法官就需要提醒陪审团，在根据身份证人所提供的证据做出裁决前，要注意到这一特殊请求。例如在 *R. v. Turnbull* [1977] 一案中，法官就关于出现身份错误时所需要给予的指引内容做出了详细的解释。另外，如果被告人的品格好坏已经被卷入证据中，那么法官就应当向陪审团做出解释。也就是说，被告人的品格可以帮助陪审团在对被告人所提证据的采信力这一问题上做出决定，但不能够直接证明被告人到底是否实施了控罪。

（5）如果一个控诉案件中有两个以上的共同被告人，法官必须指引陪审团，对于被告人应当分别单独地予以裁量。尤其是，某项不利于 A 的证据虽然不能够用来控诉 B，却有可能对 B 产生不利影响（例如在 B 不在场的情况下，A 所单独做出的有罪供述，必然会涉及 A 本身和 B）。类似地，如果一名被告人被控犯有两种以上犯罪，则法官应当告知陪审团，必须单独就每一项控罪分别进行裁量。也就是说，陪审团对于控罪一所做出的有罪判决或者无罪判决，通常是不能够影响他们对于控罪二的裁决，以此类推。

（6）由于某些信息可能会使陪审团对被告人产生偏见，或者可能对裁决质量产生影响，为确保陪审团免受这些信息的影响，因此发展出了许多证据规则，如品格证据规则和传闻证据规则，亦即，由审判法官来负责决定证据的可采性，且在必要时采取一些特别措施，以确保陪审团不会受到传闻等证据的影响。举例来说，为了就被告人在审判前所作自白的可采性做出决定，法官首先需要在陪审团不在场的情况下，举行一场小型审判，如果法官认为自白应当予以排除，但控方却坚持继续控诉，则法官就需要谨慎地加以处理，从而保证陪审团不会接触到这项自白证据。围绕着证据信息的安全尺度，发展出了许多新的证据法则，政府也一直在考虑是否应当改变某些证据规则，从而扩大证据信息的安全尺度，例如允许陪审团接触关于被告人之前的有罪判决。

（7）关于做决定时应当采纳哪些证据材料，陪审团应当接受法官的指导，如对于有争议的鉴定证据、控方证人可能不可靠或被告人说谎时，陪审团就需要接受法官的特别提醒。再如，如果嫌疑人在警察面前保持沉默（而之后在审判中开口陈述）或者被告人在审判中保持沉默，则法官应告知陪审团，即由于被告人保持沉默，陪审团可以因此做出不利于被告人的推定。当然，陪审团也可以选择不这么做。

（8）在总结概述即将结束时，法官需要建议陪审团选任出一名主席，其职责是，在适当的时候作为陪审团的发言人宣布陪审团的裁决。最后，法官告知陪审团退席进行审议，并努力达成全体一致裁决。但需要强调的是，陪审团不仅需要在被告人有罪成立这一点上做到全体意见一致，而且对于裁定被告人有罪成立的根据上，也要做到全体意见一致。例如，在 *R. v. Brown* [1984] 案件中，控方宣称，被告人为了获得财产而进行了两项欺诈。但上诉法院认为，在审判程序中陪审团应当获得法官的指引，即如果陪审团在被告人进行了两项欺诈这个问题上无法达成全体一致意见，那陪审团至少应当对于被告人进行的其中一项欺诈达成全体一致意见。亦即，如果六名陪审员认为被告人使用了 a 欺诈，而另外六名陪审员认为被告人使用了 b 欺诈，那么陪审团应当裁定被告人无罪。❶

（9）法官在总结概述之前，可以询问律师，是否需要在总结概述中处理相关法律和事实事项。但在陪审团退席之后，法官则不能寻求律师的帮助，而且仅在例外情形下，法官才可以在总结概述完成后并在陪审团退席前，与律师讨论法律问题。在法官总结概述的过程当中，如果发现有对法律或者事实错误的指引，各方的做法不尽相同：首先，辩方律师有权无限次打断法官，从而就之前所犯错误予以及时纠正。这样不仅削弱了法官的权力，还可能影响到陪审团（曾有一位律师在为期 3 天的总结概述中，共打断法官 33 次）。虽然法律没有明文规定，但基本来说辩方律师是没有义务提醒法官纠正错误的。也就是说，即使辩方律师发现了法官总结中的错误，但为了当事人的利益，也会保持沉默。因为一旦当事人被判决有罪成立，则刚好可以据此提出成功的上诉，以期推翻有罪判决；退一步讲即便上诉不成功，也没什么太大损失，因此仍值得冒险一试。其次，如果在听取法官总结概述中发现有对法律或者事实的错误指引，则应当在陪审团退席之前向法官提出，以使错误有机会得到纠正。如果不这么做的话，一旦辩方律师就此错误随后提出上诉，控方律师就有可能受到法律界的谴责和批判。但是，如果总结概述中的错误涉及的是程序违规事项，情况就完全不同了。最后，如果是法官自己主动意

---

❶ J. C. Smith, Satisfying the jury, *Crimnial Law Review*, 1988, p335.

识到了错误，不管这是基于律师的提醒，还是法官自己查看记录发现的，法官都应当明确无误地指出错误，且告知陪审团应当将其忽略，并在此之后给予正确的指引。

第二节 协助陪审团做出事实决定

法官还有一项重要的责任，就是在审判过程中协助陪审团做出事实决定。这项责任主要体现在两个方面，即法官在证据展示过程中的干预，以及法官在最后的总结概述中对事实加以评论。但需要注意的是，法官虽然可以评论证据，但不能因此影响到陪审团的决定。例如 *R. v. Hill and others*［1991］案件，也就是臭名昭著的"伯明翰六人"（Birmingham Six）案件，当时的审判法官布里奇在为期三天的总结概述中给予了陪审团不计其数的暗示，他认为控方的证据优势于被告人。他甚至告诉陪审团："我认为，如果法官已经形成清晰明确的观点看法，那他最好是让陪审团看出来并且如实告知，而不是假装成威严的、超然的第三者。"之后，陪审团做出了有罪判决。❶

这里有四点需要强调❷：

（1）虽然询问证人通常属于律师的事务范畴，但在必要时，法官有权中途干预，以便澄清那些混沌不清的争点，排除不相干事项，制止对证据重复展示，从而确保证据得到有效的展示。虽然理论上，法官对于律师询问证人拥有很大的自由干预裁量权，但实践中，由于法官过分干涉而成功上诉的例子是很少见的。也就是说，法官在实践中通常不会过分打断律师询问证人。这是因为，如果法官在证据展示过程中打断得太过频繁，可能造成陪审团受到法官对于证人证言态度的不当影响；反之，如果法官亲自对证人进行询问，尤其是在控辩双方询问结束之后而不是在律师询问过程中，则能够最为有效地帮助陪审团理解证据，且将可能造成的混乱减少到最低。

（2）法官可以对案件证据进行总结和评论。亦即，为了陪审团的利益，

---

❶ 此案涉及爱尔兰共和军恐怖主义爆炸。法官做出指引后，陪审团做出了有罪判决。最终，还是被上诉法院宣布无效。

❷ Mike McConville and Geoffrey Wilson，*The Handbook of The Criminal Justice Process*（Oxford：Oxford University Press，2002），pp391-395.

法官可以对案件证据进行回顾评论，并就全部法律问题对陪审团进行指引，且向其解释证明责任和证明标准。根据上诉法院的要求，法官在概述事实方面，需要"表述得公正、不偏不倚、清晰且富有逻辑性"。因此，法官的总结概述必须客观公正，且避免任何贬损或不适当的评论言辞。法官对事实的总结概述，虽然能够极大地帮助陪审团理解案件，但也经常会引起一些争议，因为法官貌似颇为支持控方而藐视辩方。这是因为，为了避免陪审团受到不相关信息的干扰，法官从一开始就需要预先消化证据，甚至可以说在所有参加审判的人中，法官很可能是唯一全程记录证据的人。因此，法官自然会对案件形成自己的看法和预断，甚至在最后的总结概述中，实际上充当了第二控诉人的角色。在访谈中，曾有一位法官谈道，在他初任法官时，为了能够让陪审团完全依据自己的想法做出决定，他在为陪审团做总结概述时秉持的是一种完全客观中立的立场，可结果却是，陪审团对大部分被告人做出了无罪判决。于是，为了避免错误的司法判决，这位法官调整了方法，转而用他所认为适当的方式去做总结概述，结果是，被给予有罪判决的被告人数达到了原本所期待的数量。以上言论虽然可能会招致许多批评，但充分地表明，法官是有可能超越为陪审团总结概述事实的合理界限，而去试图主动影响陪审团的。

美国对此态度刚好相反，其竭力防止法官对于案件证据做出评论，且将法官在审判中的角色限定于对陪审团法律事项的指引上。虽然陪审团未必会受到法官态度的影响，但美国人还是担心，由于法官强有力地支持控方观点，从而侵犯陪审团审判的独立性，损害陪审团审判中极为重要的原则。因此，美国大部分州规定，对于证人证据的可采性，刑事案件审判法官不能够表达任何意见。虽然美国的法官不能进行陈述，但是他们依然能够通过声音的起伏，理直气壮地对陪审团施加偏见性影响，如通过看时间之类的"身体语言"，而这些却不会被写进官方的记录。如果想要避免这种影响，唯一方法就是直接禁止法官概述事实，但这不免会让人对于法官在为有罪判决做总结概述时的司法公正性产生质疑。❶

（3）法官利用其在审判过程中所做的证据笔记来提醒陪审团注意他们所接触到的证据，并对该证据做出评论（当然在这个过程中法官也会想尽各种

---

❶ D. Wolchover, Should Judges Sum Up on the Facts?, *Criminal Law Review*, 1989, pp781-784.

方法以免除自己的责任）。对此，有些法官仅是宣读每位证人所做证据的关键部分，从而将注意力集中在主要证据上；而有些法官则试图解释案件争点，并将相关证据与这些争点联系起来；有些法官会谨慎地表达自己对于案件的看法；而有些法官则会直接或间接地提醒陪审团注意自己对于案件事实的看法。例如 R. v. Charles ［1979］，此案是一起涉及复杂商业交易的欺诈指控的案件，在经过持续超过 35 天的审判后，法官花费 3 天的时间来进行总结概述。当就案件相关的法律和事项做出简要概述后，这名审判法官采取了一种貌似更简洁的概述方法，即就其笔记中所记载的每位证人所做陈述进行宣读。对此，上诉法院提出了批评，认为特别是对于这种审判期长且情节复杂的诈骗案件，法官对于案件所涉事项的分析以及将相关证据与这些事项关联起来的陈述是非常重要的，法官仅仅是宣读出自己所做的证据笔记，远远不能够满足审判所需。当然，一般来说法官不应当使用冗长的概述，因为这非但不能够帮助陪审员，反而还会使其更加困惑甚至陷入疲惫沉睡中。但是，无论使用何种方法，法官都需要以一种陪审团所能够理解的方式将案件争点解释明白。再如在 R. v. Canny ［1945］ 一案中，对被告人的有罪判决被上诉法院推翻，理由是审判法官在总结概述中反复告诫陪审团，该案被告人是"荒谬的"且其所提出的辩解是没有根据的。也就是说，无论法官当时对于被告人有多么厌恶甚至觉得辩方律师愚蠢可笑，法官都有义务将控辩双方的观点客观地总结概述给陪审团，这尤其适用于有大量不利于被告人证据的案件。甚至，即使法官认为辩方所做的陈述本身就已经能够证明被告人有罪成立，但法官仍然需要将有罪或无罪的最后决定权留给陪审团。

（4）法官在总结概述时，若偏向不利于被告人，有时会引起法官是否受局限的问题。因为，这在某种程度上相当于法官充当了控方，从而对被告人进行控诉。例如在 R. v. Falconer-Atlee ［1973］ 一案中，法官在向陪审团进行总结概述时，提到了一项控方原本未曾提出的证据，而根据此项证据可以裁判被告人有罪成立。上诉法院将原审法官的这一做法作为原因之一，从而裁判撤销了原有罪判决。但是，在 R. v. Japes ［1994］ 一案中，上诉法院却裁定认为，法官不应当被束缚于检察官控诉案件所采用的方法中，因为证据是处于不断发展变化中的，基于某种不同的事实基础，控罪成立可能已经非常明显，例如小偷必要的占用行为可能发生得比检察官原本以为的时间还要晚一些，如果是这样，那么就不应当阻止法官将这一根据总结概述给陪审团，只要被告人没有因为法官的这一概述行为而受到不利影响或者偏见即可。可见，法官在做指引时，不必局限于控辩双方所提出的事项，法官可以对双方所没有向陪审团提出的事项做出评论。但是，倘若法官想要这样做，最好事先将此意愿告知控辩双方，并在陪审团不在场的情况下听取双方对此的意见和看法。也就是说，法官如果想要进行类似这种特别的指引，最好是先征询控辩双方的意见之后再进行。近期有一项改革是，法官可以要求控辩双方概括一下他们认为陪审团做出裁决所应采取的方式，并将此递交给陪审团，从而向陪审团解释关于如何裁决被告人有罪或者无罪。但是，双方在书写这份文件时，必须要谨慎用词，且陪审团也必须被告知关于如何达成裁决完全是陪审团自身的内部事务。而且，法官也不能够在陪审团面前，不适当地批评或者评论某一证人。

第三节　指导陪审团做出无罪开释❶

法官经常会就事实事项做出决定。例如在控方举证结束后，法庭将进入一个"中间审查"阶段❷，这时法官有一项重要的权力，即对于证据不足的微弱控诉，依申请或依职权决定控方案件不成立，从而不再将案件提交陪审团审议做出裁决，而是终止审判并直接指导陪审团做出无罪开释。法官终止陪审团审判的这一权力，一方面是预防司法不公正的重要保障；而另一方面，如果过分依赖此权力，则是一种对于陪审团缺乏信任的表现。

根据《皇家检察署报告 1998/9》统计，刑事法院所做出的全部无罪开释判决中，有 21.2% 是未经陪审团审议而直接经由法官指导陪审团做出的。可见，直接经法官指导陪审团做出的无罪开释所占比例是很高的。这种无罪开

❶ Michael Zander, *Cases and Materials on the English Legal System* (10th, edn., New York：Cambridge University Press, 2007), pp523-525.

❷ 英国刑事陪审团审判的大致程序是：(1) 控辩双方开场陈述。(2) 控方举证阶段。(3) 申请无辩可答。需要注意的是，在控方举证阶段之后，并不是直接进入辩方举证反驳，而是需要先进入一个"中间审查"阶段。(4) 辩方举证反驳阶段。(5) 控辩双方总结陈述。(6) 法官总结概述。(7) 陪审团审议并做出裁决。(8) 接受裁决。在最后，法庭将进入另一种完全不同的程序，即由法官所主持的量刑程序。

释有两种类型：一种是控方几乎提不出任何证据证明被告人有罪，甚至连被告人可能有罪的程度都达不到。而这时被告人没有请辩护律师，或者其辩护律师明显怠于提出无辩可答申请，则法官会依职权主动提出无辩可答这一事项，从而直接指导陪审团做出无罪开释。这也被称为"经命令的无罪开释"，即依职权指导陪审团做出的无罪开释。另一种是在案件开始后的某一个阶段，通常是在控方举证结束后即审判的最后阶段，由被告人向法官提交无辩可答申请（submission of no case to answer）。法官经过裁量后，如果同意，则将直接指导陪审团做出无罪开释。这也被称为"经指导的无罪开释"，即依申请指导陪审团做出的无罪开释。

但是，如果在陪审团开始审议之后，面对辩方无辩可答申请，法官应当如何处理？在 *R. v. Galbraith*［1981］案件中，大法官莱恩对此问题做出了回答：如果控方没有证据能够证明被告人可能有罪，或者说控方对于控罪的某一构成要件缺乏证据，这种情况很好处理，法官理当终止诉讼；较难处理的情况是，如果控方提供了一些证据，虽然具备证明力，但本质上却微弱、模糊或与其他证据无法形成证据链条，有两种观点：第一种观点认为，法官若认为，陪审团根据控方所提供的证据对被告人做出有罪判决，该判决可能是不安全或不合理的，则法官应当同意辩方无辩可答的申请，裁定终止诉讼。第二种观点认为，如果控方证据的强弱取决于控方证人的可信度，或者属于陪审团裁定范围的其他事项，则法官应驳回辩方无辩可答申请，继续案件的审理，由陪审团对案件做出最终裁决。对此，上诉法院更倾向于第二种观点，即衡量控方证据的重要性及可信性属于陪审团的事务范畴，法官不可以越俎代庖侵犯陪审团的职权，法官应当驳回辩方无辩可答申请，由陪审团负责最终裁决。除非在极端的情况下，也就是没有证据能够使得陪审团经法官指导而做出合适的有罪判决时，法官才可以不提交给陪审团审议，直接依职权裁定终止诉讼。❶ 需要提及的是，对于辩方无辩可答的申请，即使法官已经予以驳回，案件继续审理进入辩方举证阶段，但鉴于案情的进展，法官随后若认为，陪审团对被告人做出的有罪判决将是不合理的，则法官依然有可能依职

---

❶ R. Pattenden, The Submission of No Case—Some Recent Developments, *Criminal Law Reviews*, 1982, p558; D. Wolchover, Stopping the Trial in Suspect Cases, 132 *New Law Journal*, 1982, p527; N. Yell, Submissions of "No Case to Answer", *Justice of the Peace*, 1981, p406.

权不将案件提交陪审团审议，而是直接指导陪审团做出无罪开释以终止诉讼，例如 *R. v. Brown*（Davina）［2001］案件。但是，法官在行使这种权力时，必须非常谨慎。

还有一种情况是，法官在接到辩方无辩可答的申请后，虽然没有当即就指导陪审团做出无罪开释，但在之后的总结概述中，可以明确地表达出他认为无罪开释是一个正确的结果。也就是说，法官会在总结概述中很坚决地支持无罪开释，之后交由陪审团审议并做出最终裁决。在这种情况下，即使法官超越了职权的适当范围，上诉法院也不可能进行制止和纠正，因为对于无罪开释，控方基本不可能提出上诉。当然，除非首席检察官根据法律提出上诉。但这个结果也不会影响到被告人，也就是禁止双重危险原则，即控方一旦提交证据给陪审团，对被告人来说已经是在经历被定罪与否的危险了，而如果控方不能利用这次机会成功将被告人定罪，则一般来说，不可能就此无罪判决提出上诉，也不可能经过补充证据后再重新提出控诉。

此外，关于辩方提出无辩可答申请的程序，在此做一简要介绍。首先，陪审团会被要求退席，这样一来，法官和律师就可以就证据的证明力畅所欲言，而不必担心影响到陪审团。在陪审团离席后，辩方律师就可以提出无辩可答申请，控方也有机会对此做出回应。之后法官会裁量做出决定，陪审团可以重新回到法庭。详言之，如果法官裁量后，决定批准辩方对全部控罪的无辩可答申请，也就是认为控方对于全案所有控罪均不能成立，则法官将告知陪审团，并命令陪审团选任一名主席作为整个陪审团的发言人，按照法官的指导，对被告人的每一项控罪宣布判决其无罪开释。如果法官裁量后，决定批准辩方对于某一项或其中多项控罪的无辩可答申请，也就是认为控方对于某一项或多项控罪不成立，但对于其他控罪成立，则法官将告知陪审团，并指导陪审团就某几项无辩可答的控罪，对被告人做出无罪开释判决。同时会提醒陪审团注意，在对其他控罪的继续审理中，应忽视或者不要受到这些已被裁定为无辩可答的控罪的影响。之后，对于其他控罪的审理将正常进行。如果法官裁量后，决定全部驳回辩方无辩可答申请，则将告诉陪审团，在退席期间，法庭并没有发生任何事情，照常进行审判。

需要注意的是，如果辩方无辩可答申请被驳回，并不意味着案件一定会走完诉讼全过程。这是因为，在控方举证结束后的任何一个阶段，陪审团都有权主动提出他们不愿继续审理，想要直接给予被告人无罪开释，亦即，陪审团主动终止诉讼。在实践中，陪审团几乎不会主动意识到这一权力，而是需要法官公开提醒，但这毕竟是在提醒陪审团无罪开释，因此法官不应说得过多。可是，如果在面对辩方的交叉询问时，控方证据貌似十分微弱，但又没微弱到法官可以直接指导陪审团做出无罪开释的程度，这时，法官可能会毫不犹豫地提醒陪审团，注意他们还拥有此项权力。当然，如果陪审团还没有听完全案，则无论如何都不能对被告人直接做出有罪判决。

第四节　指导陪审团做出有罪判决[1]

关于法官是否可以指导陪审团做出有罪判决，司法界对此一直摇摆不定。大法官德夫林认为，这是违反宪法的，因为毫无疑问法官必须与陪审团保持距离，以确保陪审团能够按照自己的意志处理事务。在 *R. v. Leer* [1982] 一案中，被告人被控犯有持有武器罪，经调查发现，被告人持有一把钓鱼刀，但关于持有这把刀的原因，被告人没有做出合理的解释，因此也没有再提出进一步的辩护理由。于是，法官直接指导陪审团对被告人做出有罪判决。但是，上诉法院推翻了这一有罪判决，理由是，是否给予被告人有罪判决，这属于陪审团的事务范畴，法官不应当越俎代庖，哪怕陪审团做出的无罪开释是不可理喻的，但是只要这个决定所基于的证据没有违反常理或不正当，就应当被接受。

实践中，除非被告人在审判过程中已经承认有罪，否则法官通常都不会直接指引陪审团对被告人做出有罪裁决，同理，法官也应当避免指引陪审团去同情被告人。但是，如果陪审团意欲做出的无罪开释所基于的证据是不正当的，则又该如何对待呢？法官可以因此直接指导陪审团做出有罪判决吗？在 *DPP v. Stonehouse* [1978] 一案中，最高法院以 3：2 的大多数投票做出决

----

[1]　Michael Zander, *Cases and Materials on the English Legal System* (10th, edn., New York：Cambridge University Press, 2007), pp525-527.

定，认为法官不能够这样做。详言之，指引陪审团做出无罪开释和指引陪审团做出有罪判决，是有区别的。如果没有证据表明陪审团能够给出合理的有罪判决，则法官应当直接指引陪审团做出无罪开释，这是很久之前就已确立的规则，为的是保护被告人免于受到错误的有罪判决；但反之，则不适用。也就是说，如果法官认为控方证据是令人满意的，而陪审团意欲对被告人做出无罪开释是不正当的，但此时，法官也没有权力去提前否定陪审团的裁定继而直接指引他们做出有罪判决，因为只有陪审团才能够决定被告人是否有罪。大法官萨蒙认为，此时法官完全可以换种方式解决问题，即法官可以通过总结概述向陪审团表明，法官认为被告人是有罪的并且应当被给予有罪判决。但大法官艾德蒙·戴维斯指出，法官可以在总结概述中指引陪审团，法官却不应当阻却陪审团的审议而直接指引陪审团做出有罪判决。最终，最高法院对 Stonehouse 案件做出一致裁定，即准许对于上诉法院的上诉，撤销对于上诉人的有罪判决，并明确指出，法官在任何情况下都不能够直接指导陪审团做出有罪判决。

上诉法院于 2006 年 6 月对"法官在任何情况下都无权直接指导陪审团做出有罪判决"这一大法官的法律附带意见做出注释：上诉法院法官特奇认为，此法律附带意见并不意味着在每一个案件中，法官直接指导陪审团所做出的有罪判决都一定会被视为是不安全的，这取决于陪审团是否被给予机会去衡量他们的裁定，也就是说，关于被告人是否有罪的问题是否依然在陪审团的掌控中。例如，在 *R. v. Kelleher*［2003］一案中，法官指引陪审团说："在这种情况下将会只有一种裁定且是一个有罪判决。"陪审团退席经审议后，做出了有罪判决。于是，上诉法院认为陪审团是基于自由意志而做出了裁决，因此支持法官对陪审团所做的指引，驳回了被告人的上诉。但有人认为，陪审团虽然退席了，但是否真的对案件进行了审议值得推敲，因此上诉法院的这一裁定似乎并不能令人信服。

第五节　法官与陪审团之间的交流

虽然陪审团被任命为事实的裁决者，但其实他们在审判中的角色很被动，以询问证人为例，询问证人是控辩双方的事务，法官也可能会主动参与证人询问，而陪审员虽然有权进行提问，却没有正式的法律程序予以引导。通常来说，陪审员是通过向法庭引导员递纸条的形式进行提问，法官随后将会做出解答。但一般不鼓励陪审团和法官之间进行公开的对话，且处理陪审团提问的程序也甚是烦琐。当然，陪审员若是在陪审团退席之后进行提问，则相对容易处理，因为并没有打断审判的进行，而此时法官也会较有精力做出回应。在对北爱尔兰法庭审判的调查中，曾有法官讥讽道："幸好我们的陪审团是比较沉默的。"这位法官并不是在批判陪审员提问这一原则本身有什么错误，而是在抱怨陪审团审判构造不实用。❶ 对于法官与陪审团间的交流，应当区分为两类，分别是影响到审判的交流和不影响到审判的交流（也就是"内部事务"，如要求给陪审员的亲属发条信息）。详言之：

首先，法官与陪审团的交流如果影响到案件的审判，除了最极端的案件之外，法官在接到纸条后，应将双方律师和被告人同时召回法庭，宣读纸条内容。如果法官认为有必要，也可以先行寻求律师的建议，之后再将陪审团召回法庭，询问纸条上的内容是不是陪审团想要询问的问题。在得到确认答复后，法官将做出回答。需要注意的是，如果陪审团纸条上的内容涉及不需要且不应当泄露的信息（例如投票形式的细节），法官应当简要概述纸条内容并省略这一特定信息。至于该如何回答陪审团提问，其主导原则是，无论是提问还是回答，都应当在法庭上公开进行，并在陪审团做出裁决之前完成。在法官与陪审团之间，一旦存在秘密交流的可能性，即使法官实际上与陪审团交流的内容是合法且正当的，仍极有可能导致成功的上诉，但是，是否能够因为操作程序上的瑕疵，进而最终推翻有罪判决，则主要取决于个案事实。❷

其次，陪审团退席进入审议裁决阶段后，可能要求法官解释与案件相关的某一法律事项，或者要求法官提醒注意某部分证据。如果陪审团所询问的信息实际上是没有证据予以佐证的，则法官就需要告知关于这一点没有相应证据支持，陪审团必须依据在法庭上所接触到的证据来裁判案件。但无论如

❶ Mike McConville and Geoffrey Wilson, *The Handbook of The Criminal Justice Process* (Oxford：Oxford University Press，2002)，pp394-395.

❷ John Sprack, *A Practical Approach to Criminal Procedure* (10th, edn., Oxford：Oxford University Press，2004)，pp361-363.

何，一旦陪审团退席进入审议阶段，法庭便不能够再向陪审团举证，陪审团也不能够要求查看指控犯罪的现场。例如，在 *R. v. Stewart* ［1989］一案中，上诉法院认为审判法官不应当让陪审团在退席后仍持有一台天平，因为这一案件与毒品重量具有高度相关性。对此，上诉法院明确表示，陪审团实际上是在没有法官、律师和被告人在场的情况下进行称重实验的。再如，在 *R. v. Maggs* ［1990］一案中，上诉法院认为，正常情况下陪审团有权在退席后带走如卷尺、放大镜、磁带等与案件有关的证据，若是在审判中没有播放过的磁带，但法庭提供了相应的文本记录，则陪审团在退席后有权听取这份磁带的内容，因为磁带本身才是证据，而文本记录仅是方便展示证据的一种方式。需要注意的是，在这种情况下，最好是将陪审团召回法庭听取磁带的内容，因为如果允许陪审团自由接触磁带的话，有可能会造成陪审团听到了他们本不应当听到的内容，例如不具有可采性的证据。再如，在 *R. v. Rawlings* ［1995］一案中，上诉法院认为通常情况下陪审团是可以查看证据的，以播放视频为例，如果法官同意陪审团再次播放，则应当是在法官、律师和被告人都在场的法庭上进行。

最后，从陪审员的角度来看，交流的障碍颇多。在过去的陪审团说明手册中，虽然讲到了陪审团有提问的权利，却是一语带过，以至于有许多陪审员直到陪审团服务结束之后，才发现原来陪审团是可以要求法官向证人进行发问的。即便在如今的陪审团说明视频中提到了陪审团有权进行提问，但这一程序却依然很难得到运行。例如，有陪审员在看到了这一视频，建议法官应当明确告诉陪审员有提问的权利，但法官对此反应不是很积极。这是因为，即使积极鼓励陪审员，恐怕也没有几个陪审员敢于鼓起勇气去提问。更何况，一旦有陪审员出来提问，刑事案件被告人就有可能被问到一些有偏见的问题，得到的回答必然是漫不经心的，进而造成法庭诉讼程序失去控制或者陷入停滞。有法官甚至因此下令，只有陪审团作为一个整体才能提问，也就是禁止陪审员个人提问。对此，美国的许多州已做出调整，例如向陪审员发放笔记本，以使陪审员有机会在审判过程中就证据事项在陪审团内部进行讨论，再如向陪审员提供法官所做出指示的文本记录，甚至构建一些新的程序来确保陪审团能够参与到证据展示中。❶ 在英格兰，政府已经开始支持陪审团与法官之间的非言语沟通，如通过视频等形式进行交流，特别是在那些复杂的诈骗类案件中，陪审团与法官之间的交流，对于帮助陪审团理解证据尤为重要。

第六节 法官指示的不足与改革

《刑事法院研究》曾经对出庭律师、控方律师、辩方事务律师以及法官进行过一项调查研究，其中一个问题是："你们认为法官的总结概述，同样有利于诉讼双方吗？"对此，大多数人都回答说，不是这样的，且其中多数人认为，法官的这种概述，相较于被告方，明显更加有利于控方。当问及关于法官总结概述的公正性时，被告方认为，法官的总结概述，对 73% 的案件而言是公正的，而对 27% 的案件是不公正的。伦西曼皇家委员会认为，关于法官应当在多大程度上概述事实，不应当制定相应的规则，这是因为，案例和习惯都在不断变化着，法官有时根本就没有必要进行概述。但是，为了诉讼双方的公平，法官在对于证据可信性方面的评论应当是完全中立的，例如对于证人的可信度，法官显然不应当表明自己的观点。但迄今为止，大法官还没有在这方面制定出相应的规则和实践指引。

一、法官对证明标准的指示❷

众所周知，刑事案件的证明标准是排除一切合理怀疑（Beyond Reasonable Doubt，BRD），但问题是，法官在向陪审团做指示时，应当如何予以量化？上诉法院认为，大部分法官，尤其是缺乏经验的法官，在进行关于证明标准的司法指示时，通常将其解释为，陪审团必须自信，已经排除了一切合理怀

❶ 美国科罗拉多州最高法院于 2000 年批准了一项实验，遍及全州重罪和轻罪法院。该实验准许陪审员在控方和辩方对每位证人完成询问后，向法官提交书面问题。法官之后将与控辩双方律师协商，以决定该问题是否能够被合法地提问。审判结束后，这些陪审员、法官及律师的表现，将被拿来与那些不允许提问的法庭的陪审员、法官及律师的表现做出对比，实验结果将作为科罗拉多州最高法院决定是否推行此项改革计划的依据。

❷ Penny Darbyshire, Andy Maughan and Angus Stewart, *What Can the English Legal System Learn from Jury Research Published up to* 2001? (Research Papers in Law, Kingston University), pp27-29.

疑，以至于确信被告人是有罪的。但问题是，如何保证陪审团确实做到了这一点呢？

对于大部分陪审员而言，无论法官如何努力，证明标准都是一个几乎不可能理解的问题，尤其是涉及诸如合理怀疑、合理的人、合理的案件等抽象的专业术语时，就更是不知所措。于是，有相当多的陪审员会尝试用"可能性"来进行解释，即基于盖然性来决定被告人有罪与否。在美国早期的研究中，黑斯蒂曾进行过一系列调查，经研究后发现参试者在做出有罪判决时，使用的有罪证明标准介于51%到92%之间，这与他们对于盖然性标准的理解（48%~92%）几乎是一致的。罗伯特·鲍尔在翻阅了美国关于 BRD 研究的文献后发现，其中大部分研究结论也同样适用于英国陪审制，也就是说，虽然法官竭力对证明标准做出清晰的阐释，但绝大多数陪审员都没有跟从法官的司法指示。亦即，事实上，在陪审团所做的裁决中，可能只有百分之一的裁决是陪审团在真正理解了证明标准之后做出的。

另一种极端是，陪审团将证明标准予以拔高。也就是说，只要有一丝怀疑，哪怕只是很小的怀疑，都拒绝将被告人定罪，亦即，将英语单词"确信"（sure），理解成一种百分之百绝对的证明标准。例如，被告人身上已经发现藏有赃物，辩方对此也没有进行反驳。但陪审团认为，依然可能存在合理怀疑。结果，陪审团无法达成裁决而被命令解散重审。因此，有学者建议，应当将关于 BRD 的解释制作成印刷品，在庭审开始之前发放给陪审员，之后再由法官在法庭上予以宣读。学者蒙哥马利在将英国和美国的司法指示进行对比后发现，英国的参试者没有意识到证明标准不能够随着犯罪的严重性而变化，做出了许多错误裁决，即对严重犯罪给予不当的无罪开释，而对轻罪给予不当的有罪判决。而且，英国的参试者中有 73.5% 的人将 BRD 证明标准等同于百分之百的证明标准，但美国的参试者中只有 18.4% 的人将 BRD 等同于百分之百的证明标准。学者赞德通过对 1763 名公众、1364 名治安法官和 128 名刑事司法专家进行调查后发现，有 51% 的公众和 31% 的治安法官及刑事司法专家，将英国法官所作的关于证明标准的指示理解为百分之百的有罪证明标准。因此，达比希尔强烈建议，应当废除"确信"（sure）这个词，因为没有一个人能够被完全确信和肯定是有罪的，只要被告人有明确的犯罪故意，即使不能够被完全确信和肯定是有罪的，被告人依然应当承担刑事责任，被判有罪成立。

实践中还有一种做法是，法官在总结概述时反复多次地向陪审团解释何为合理怀疑。这是因为，只要这多次的解释中有一次是成功正确的，则上诉法院就不会因此而推翻原裁判。法官这样做或许有助于提高陪审员的理解力和接受力，但也易造成陪审员的思维混乱。此外，鉴于人们在日常生活中习惯使用百分比衡量事物，因此，有许多法官试图利用百分比向陪审团阐明50%和90%之间的差别性。但问题是，由于法律传统上对数学概率相当谨慎，且法官自身也很难解释何为 BRD 所要求的确定的百分比，因此，想要通过百分比来做出精确且清晰的解释，实际上几乎是不可能的。

二、法官对证据的指示

关于法官对证据的总结概述，很多陪审员认为，法官能够对证据进行清晰且娴熟的概括总结，法官的证据指示公正且客观，对陪审团做出裁判具有很高的指导意义；但也有不少的陪审员认为，由于陪审团是被动的信息接收者，因此法官在对证据进行总结概述时，若只是一味地重复证据，则极易造成陪审团陷入无聊、沉闷、厌烦甚至头脑昏聩，这简直就是对司法公正的极大损害。因此可以说，如果要保留总结概述这一程序，那么法官就必须认真接受训练，做到突出双方重要的争点，且将证据联系到相应的法律事项上，从而对证据做出高度的概述，而不要只是简单地背诵笔记，那样的话就等于是在考验陪审员们的头脑和耐性，纯属浪费时间。

三、法官指示的书面化

法官在就案件所涉及的法律问题进行指示时，多半是采取口头的形式，之后不会再将其写在纸面上交给陪审员，也很少会在法庭上再次做出阐释，因而造成了陪审团经常就法官的指示内容产生曲解、争论，甚至干脆忘记了法官的指示，致使陪审员不得不向法官提出问询，从而让法官就陪审团的内部争点重新做出阐释。

在美国联邦律师协会和纽约律师协会的支持下，丹恩曾在研究中为陪审团增配了一台笔记本电脑，其中储存有证人名单和照片、关键证据复印件以及最终的书面指示。研究发现，人们对于通过听觉所接收到的信息很快就会忘记，而对于视觉化的信息，则有更好的记忆，例如笔记本电脑的使用虽然并不能够减少陪审团审议的次数，但却有助于增强陪审员的理解力、记忆力和应用力，不但提高了陪审团的满意度，而且也促使陪审员更加高效地参与审议，从而降低了案件审理的复杂性。因此，虽然这会给法庭增加额外的财政负担，但无论是律师还是法官，通常都很赞成。[1] 新西兰研究者也得出了相似的结论，发现有 62.2% 的陪审员认为，书面的法律总结不仅对做出裁决很有用处，而且还能够降低陪审员作为被动参与者的消极情绪。

英格兰刑事法院罗克法官曾在某次陪审团审判中使用笔记本电脑记录证据然后打印形成书面指示，以供陪审团审议时使用，他的这一举动在当时引起了法律界的广泛讨论。罗克法官对此解释说，在复杂案件的审判中，法官就案件所做出的司法指示，其实是相当复杂的，因此很有必要为陪审团制作一份书面指示。他的惯常做法是，将司法说明提前交给律师查看，听取律师们对司法指示内容有无异议，然后在陪审团退席之前，向陪审团宣读并做出解释。[2] 之后，越来越多的法官相继仿效做出了书面指示，例如有法官根据《金融服务业法》给陪审团制作了一份十页纸的小册子，还有法官为某视频证据另外配备了一份三页纸的司法说明。如今在英格兰及威尔士地区，政府给每位法官都配备了笔记本电脑，因此罗克已经不是刑事法院唯一这么做的法官，这一做法已经成为普遍现象。

四、法官进行指示的时机

实践中，有相当多的法官会在法庭开场时惜字如金，而选择留待陪审团听审证据结束后，才做出详尽的司法指示。这相当于让陪审员去观看一场棒球比赛并且要决定谁是赢家，却在比赛快要结束时才告知戏规则。但是，由于陪审团在听审证据时可能伴有一些无知的假设，甚至是超过合理怀疑标准的想法，因此审前指示有助于陪审团对证据做到有的放矢，而不会被不相关的因素所吸引，这对于预防陪审团面对案件特别是在面对复杂案件审判时陷入不知所措的境地尤为重要。

---

[1] B. M. Dann, Learning Lessons and Speaking Rights: Creating Educated and Democratic Juries, 68 *Ind. L. J.*, 1229, 1993, p9.

[2] Penny Darbyshire, Andy Maughan and Angus Stewart, *What Can the English Legal System Learn from Jury Research Published up to* 2001? (Research Papers in Law, Kingston University), pp35-36.

利伯曼和塞尔斯在这方面进行了许多研究，并就预先指示所能够带来的益处总结如下：第一，有助于增强陪审员对于证据和指示的记忆；第二，有助于减少陪审团的偏见和对成见的依赖；第三，有助于减少陪审团对于程序的误解；第四，有助于阻止陪审团先于审议而形成观点和裁决。与此同时，他们也列出了一些潜在的缺点：第一，连同一般性指示，可能导致陪审团认为法官指示过于烦琐；第二，法官可能无法提前衡量出何为适当的指示；第三，审判进程可能因此拖慢；第四，陪审员可能倾向于寻找有利于控方的证据；第五，可能施加给陪审团一种单方面的观点；第六，在所有证据展示结束之前，陪审团可能已经形成了自己的结论。在经研究对比后，利伯曼和塞尔斯发现，法官对陪审团进行预先指示利远大于弊，简言之，在法官看来，相对于预先指示所带来的益处（例如减少陪审团对证据的偏见），预先指示所造成的负面效果其实是很少的，而且预先指示也没有给法官增加额外的负担；从陪审员的角度来看，虽然法官单独进行预先指示可能造成一些问题，但是无论是在证据展示之前所进行的预先指示，还是在证据展示之后所进行的预先指示，都大大提高了陪审员的理解力，使陪审员对于审判过程更为满意。❶

在过去，法官不可能在审判开始时就指示陪审团，因为被告人有权最先看到整个诉讼的全过程。而现在已经发生了变化，详言之，按照刑事诉讼程序及《1996 年刑事调查法》（*Investigations Act, 1996*）的要求，首先，辩方需要向法庭预先提交一份辩方陈述纲要；其次，控方则无此项义务，但建议控方，尤其是在疑难复杂案件中，也应就文件证据所含的内容做出一个目录和摘要，并为陪审团制作一份技术性术语表；最后，法官应当在审判最开始时，就证明责任和证明标准（除控罪的准确的司法定义及不相关的事情之外）向陪审团提供一份标准的司法指示说明。对此，有学者进一步建议，刑事法官应像民事法官那样进行提前阅卷，并对陪审团做出预先指示。具体可分为两种情况，如果审判时间相对较短，则法官不需要精心制作，只要是一份用简练的语言表达的书面指示说明，且将其张贴在陪审室墙上即可；如果审判时间相对较长，则在审判前的复查程序中，应当准许法官和律师就提前的司法指示说明的内容达成一致，包括辩方的陈述纲要。此外，为配合方便法官进

---

❶　J. D. Lieberman & B. D. Sales, What Social Science Teaches Us about the Jury Instruction Process, 3 *psychol. pub. poly & L*. 589, 1997, p629.

行审前指示，有学者提出，在陪审团审判开始之前，应将陪审团说明手册寄送给每位陪审员，例如高等法院网站上有一个33页的宣传册《陪审团服务说明手册》，内容包括：第一天的准备活动，第一天在法庭的活动，选任陪审团，在法庭上的人员分工职责，审判程序，陪审团审议，投诉，经常会问到的问题，经常会所使用的法律术语词汇表。这些对审判及陪审团作用的基本说明，就像是客房信息说明一样，能够使得法官在法庭上的审前指示变得更有效率。❶

❶ Penny Darbyshire, Andy Maughan and Angus Stewart, *What Can the English Legal System Learn from Jury Research Published up to* 2001? (Research Papers in Law, Kingston University), pp36-37.

第六章

陪审团之审议

第一节　保障审议的规则

在法官完成总结概述后，法庭引导员会要求陪审团在法庭上进行宣誓，即承诺在离开法庭之后，陪审团会一直待在私密且适当的场所，除非被问及是否达成裁决，否则不会和陪审团之外的人进行交流。宣誓完毕后，法庭引导员（也有可能是法警）将陪审团带出法庭之外，进入陪审室。在陪审团退席审议期间，陪审团成员必须要共同聚集，直到达成全体一致裁决（或者至少是达成了 10 人同意的大多数一致裁决）。为确保陪审团裁决不受到任何外界影响，陪审团必须尽可能与外界切断一切联络，独立做出关于被告人有罪与否的裁决，且保证裁决所依据的证据全部来自法庭上所出示的证据，以及陪审员自身的生活经历和常识。为保证陪审团审议期间不受到外界干扰，法律上设计了三个相互联系的规则[1]：

（1）陪审团必须在法警的监控下。这就意味着，为防止陪审团与外界接触，陪审团法警必须驻守在一个地方，除非法官有特别命令，如法官给陪审团递口信或询问，否则即使是法警本人，也不能进入陪审室，或者与陪审团讲话。一旦陪审团哪怕只是其中一名陪审员脱离了法警监控，就会导致有罪

---

[1]　John Sprack, *A Practical Approach to Criminal Procedure* (10th, edn., Oxford：Oxford University Press, 2004), pp359-361.

判决被推翻。在 *R. v. Neal* ［1949］案中，陪审团退席进行审议之后，并且又征得了法官的同意，在没有法警陪伴的情况下，离开法院大楼外出午餐。之后，他们回到陪审室并做出了有罪判决。但后来，该判决被撤销，理由是陪审团离开法警监控长达一段时间，在这期间，有很多人且有很多机会与陪审团讨论案件。类似的还有 *R. v. Ketteridge* ［1915］案件，陪审团有罪判决被撤销的原因是，在陪审团退席后，有一名陪审员没有跟随同伴回到陪审室，而是错误地离开了法院大楼，十五分钟之后才重新回到陪审团当中，就像 Neal 案一样，在这期间，外界有足够的机会跟陪审员讲话。

（2）没有法官的准许，陪审团不得离开陪审室。陪审团如果离开了陪审室，通常的情况是都是应法官的要求而回到法庭，为的是接受法官进一步的司法指示，或者是接受法官对所提问题做出的回答。当然，如果有"明显必要性"，法官也可能会允许陪审团离开陪审室，甚至是离开法院大楼。例如在 Neal 案中，上诉法院认为，由于陪审团完全可以食用由他人打包带回的三明治，或者经允许后自费食用点心，因此为了吃午餐而离开法院大楼，就很难被视为具有明显必要性。另外，如果陪审团一直没能做出裁决且当时时间已晚，为了让陪审团成员睡个好觉以便第二天早上重新回到陪审室审议，法官有可能认为，将陪审团成员带至宾馆过夜，具有明显必要性。当然，这种情况只可能出现在长期或复杂案件的审判中，也只有这种案件才可能让陪审团花费一天以上的时间去考虑裁决。一般情况下，如果陪审团在审议了数小时后仍不能达成裁决，法官通常会直接解散陪审团。需要注意的是，陪审团成员无论是在宾馆过夜，还是出于某种原因而经允许离开房间，都必须处于法警监管状态下。

（3）也是第二条的衍生规则，即未经法官允许，陪审团成员不得分开。在 1994 年以前，一旦退席并开始审议后，陪审团成员就必须待在一起，这也意味着陪审团成员有可能要在宾馆过夜（而不是被关在陪审室中）。当陪审团被送到宾馆过夜时，目的是给予陪审团成员休息时间，而不是说陪审团要在宾馆里继续审议，对此，审判法官应当做出相应的指引，否则可能会导致对有罪判决的成功上诉，例如 *R. v. Tharakan* ［1995］一案，在经过 24 天的漫长审判后，被告人被判有罪成立，但后来有罪判决被上诉法院裁撤，原因是法官没有指引陪审团，在宾馆时是不可以进行审议的。现在的情况是，即使是在陪审团退席开始审议后，法官依然可以裁量决定是否允许陪审团成员在审判的任何期间暂时分开。当然，法官还是有可能裁定，由于陪审团成员不能分开，因此有必要让陪审团成员在宾馆过夜，但至少来说，这是一个司法裁量而非必需。上诉法院在 *R. v. Oliver*［1996］一案中规定，如果法官允许陪审团在审议期间分开，则必须要告知陪审团：第一，审议裁定所依据的证据和结论，必须只能是在法庭上所听到和看到的，而不能是源于法庭之外的；第二，法庭证据展示已经结束，因此陪审员不得搜寻或接收与案件有关的其他证据或信息；第三，除非是在陪审室进行审议时，而且仅限于陪审团内部，否则不得对任何人讲述案情；第四，除非是在陪审室进行审议时，而且仅限于陪审团内部，否则不得允许任何人对自己讲述案情；第五，一旦离开法庭就必须将案件搁置在旁，只有陪审团退席重新回到陪审室后，才可继续进行审议裁决。以上司法指引，法官应当在陪审团第一次分开时给予，且在每一次分开前应当再重复提醒一次。

一旦违背上述规则，哪怕只是细节上的违反，都是审判过程中的不正当行为，但除非涉及案件的本质、根源或底线，否则不会必然导致上诉法院推翻有罪判决，例如 *R. v. Alexander*［1974］一案的有罪判决，就得到了上诉法院的支持。在该案中，在陪审团离开法庭进入法警监管状态下后，有一名陪审员为取一份证据而重新回到法庭（法官之前告诉过陪审团，他们可以查看想要的任何一份证据），虽然严格来说，这名陪审员既离开了陪审团也脱离了法警的监管，但这整个过程仅持续了几秒钟，辩方律师也全部看到了，因此这种不正当行为并没有触碰到案件的本质。相反，在 *R. v. Goodson*［1975］一案中，有一名陪审员在得到法警允许后离开了陪审室使用电话，碰巧这个过程被控方律师看到，于是控方律师立即采取措施予以制止并让其重新回到陪审团当中，但上诉法院还是撤消了有罪判决。因为这一不正当行为已经触碰到了审判底线，而法庭也应当对法警的错误负全部责任。然而，之后也有类似案件，虽然陪审员与外界进行了通话，但这一不正当行为并没能被成功上诉，例如，据《泰晤士报》1994 年 5 月 12 日报道，在 *R. v. Farooq*［1994］一案中，有一名陪审员曾经两次使用电话询问生病孩子的状况。上诉法院认为，没有正当的理由不相信这位陪审员，且也没有出现审判不公的情况，因此，无须推翻有罪判决。但即便如此，依然需要对审判法官在这一事件中所做出的处理提出批评。当时，这名审判法官在得知电话事件后，曾派法庭书记官进行调查。之后，书记官非正式地将这名陪审员的电话内容告知了双方律师，但双方律师对此事件没有异议。于是，法官裁定陪审团继续审议。但是上诉法院认为，审判法官应当将所有人重新召回法庭，将与之相关的事实在法庭上公开阐释，并给双方律师机会以进一步询问澄清。

此外，还有一条是关于审议之前讨论的规则，亦即，为了预防影响审议和避免预断，在所有证据被展示完成之前，陪审员不得讨论案件。这是司法制度信念的产物，也就是陪审员被动中立模式的体现。然而，几乎每个学者都认为，大部分人在审议之前就已经做出决定，即使是非常好的陪审员，至少也已经讨论过证据。❶ 于是，有学者建议，既然陪审团已经开始讨论，就应对此进行明确的引导，并警告其在听完所有证据之前，不得做出决定。美国学者认为，审议前讨论的优点是：第一，互动沟通有利于更好地理解证据；第二，在某些想法和疑问被遗忘之前，能够记录下来；第三，暂时的预断能够及时浮出水面并加以处理；第四，非法的、小团体的讨论可能被禁止；第五，更加有效地利用陪审员的时间。❷ 美国亚利桑那州高等法院曾于1995年对民事审判采取了一系列措施，以使陪审员更加积极和专心，并因此增强了裁决的可信度和满意度。这次改革包括采用预备好的书面指示、审议前讨论和鼓励陪审员做笔记并向法官提问。虽然在某些案件中，陪审员的提问致使审判时间被延长了20%，但是通常情况下，这些改革措施还是很有成效的。汉斯、汉纳福德和明斯特曼于1999年对美国亚利桑那州陪审团讨论规定进行了研究，通过对200场审判的参与者进行调查问卷发现，有一半的陪审员被法官指示，不要在最后的审议进行前进行证据讨论。这一结果表明，大多数法官和陪审团都支持审议前讨论这一规定，其中，四分之三的法官认为这有助于陪审团理解证据，70%的陪审员认为这种讨论有助于理解案件，对证据的记忆也更加准确。在新西兰刑事审判改革项目中（New Zealand criminal trial project），其中至少有6个陪审团（占总数的12.5%）有组织地参与了审议前讨论。报告结论认为，陪审团审议前讨论虽然涉及关键证据的认定和总结，

---

❶ B. M. Dann, Learning Lessons and Speaking Rights: Creating Educated and Democratic Juries, 68 *Ind. L. J.*, 1993, p1229.

❷ J. D. Lieberman & B. D. Sales, What Social Science Teaches Us About the Jury Instruction Process, 3 *Psychol. pub. poly & L.*, 1997, p589.

但这种对证据可信性的最初评定非但没有导致陪审团的预判，而且促使陪审团在随后所进行的审议中更加专注且富有效率。

第二节　审议的模式

一、陪审员（个人）裁决模式[1]

行为学家长期致力于寻找一种模式，能够反映出陪审员在做决定时的思维过程。在《陪审员的内心世界》一书中，里德·黑斯蒂比较了四种模式：概率论模式（Bayesian Probability）、代数模式（Algebraic Weighted Average）、随机模式（Stochastic Poisson Process Model）和故事模式（Cognitive Story Model）。虽然前三种可能都有其优点，但是没有一种能够反映出陪审团审判的复杂性。最后一种，也就是由黑斯蒂、彭罗德和彭宁顿所提出的故事模式，能够提供一种更加完整的方法，亦即，这种模式反映了陪审员通过使用审判证据和个人知识，从而将各种信息综合起来形成一个叙述性故事；在构造完这个故事之后，陪审员将法官所给出的法律指示与之联系起来，进而形成裁决。[2]但是，使用这种间接的、逐渐的拼凑方式去构造故事实际上是比较困难的，曾有陪审员介绍说："我要花上好一段时间，才能开始在头脑中形成完整的故事，而那些不爱讲话的人，特别是年纪比较大的人，或者是未受过太多教育的人，要搞清楚这整个故事，必将耗费更长的时间。可以肯定的是……他们的头脑会和我一样，天旋地转。"新西兰刑事审判项目研究发现，在真实的审判中，确实有明显的证据能够支持有相当多的陪审员会采用这种故事模式。但是，这种思维模式对于陪审员最后做出裁决却未必能够产生决定性影响。而且，陪审员在使用这种故事模式时所构造故事的准确性和完整性会经常发生变化。另外，从律师的角度来看，故事模式也是他们经常会使用的思维方式，亦即，律师会把当事人的案件看作一个故事，然后在庭审时，特别

---

[1]　Penny Darbyshire, Andy Maughan and Angus Stewart, *What Can the English Legal System Learn from Jury Research Published up to* 2001? (Research Papers in Law, Kingston University), pp22–25；52.

[2]　R. Hastie, S. D. Penrod and N. Pennington, *Inside the Jury* (Harvard：Harvard University Press, 1983), pp22–23.

是开庭陈述中，将这个故事很自然地讲述给陪审团，从而对陪审团的最后裁决造成影响。反观陪审团，也确实容易受到律师开庭陈述的诱导，可能再结合自身的个人经历从而做出裁判。因此，最好是将一大堆没有经过组织的事实展现在陪审团面前，从而迫使陪审团只能根据证据而不是别人已经组织好的故事来调查出事实真相。

陪审员个人的基础性工作之一，就是决定证人的可信性。在实际审判中，有相当多的陪审员倾向于通过对证人举止行为的观察，进而对事实做出判断。但众所周知，这是相当不可靠的。因此，为了最大限度地发挥陪审员甄别欺骗的能力，法官应当指示陪审员，不要注视证人的面部等身体特征，或者干脆拿眼罩挡住眼睛，从而仔细倾听证人所作的言词。也就是说，陪审员应当在对证人陈述和原始资料分别做出评价的基础上，将二者结合起来，进而对证人的可信性做出判断。❶ 迈克尔·萨克斯研究发现，当两者的相关度很低时，听众的态度主要是受到原始资料的影响，而几乎没有受到来自证人陈述的影响；当两者的相关度很高时，听众的态度几乎没有受到原始资料的影响，而是很大程度上受到了证人陈述的影响。此外，在交叉询问时，除专家证人可能会对陪审员构建故事的过程造成中断外，任何有关对证人名誉的质疑都可能立即损害证人的可信度，甚至使得指控变得没有依据。这种情况下，在陪审员的思维中，既可能认为是无风不起浪，宁可信其有而不可信其无，也可能出现所谓的睡眠者效应，也就是陪审员只是记住了这条信息而忘却了原始资料。因此，新西兰研究者建议法官，应当及时对陪审团思维做出干涉，以防止这种情形的发生。

关于目击者的证词，律师通常会采取对外围细节进行严加盘问的策略来降低陪审团对证人的可信性。有研究证实，当证人的注意力被转移到应对大量外部信息时，其所作证言的准确性将会大打折扣，因为即使是记忆力很强的目击证人，也不太可能记住太多的外部细节。❷ 与其他英美法系国家不同的是，英国陪审员在决定证据的可信度时，是需要独立做出判断的，甚至不能得到专家证据的辅佐。详言之，R. v. Turner［1975］一案规定，对于那些在陪审团正常的能力和经历范围内的事项，不再允许使用专家证据。虽然后来的

---

❶ M. O. Miller & T. A. Mauet, The Psychology of Jury Persuasion, 22 *Am. J. Trial Advoc.*, 1999, p557.

❷ V. P. Hans & N. Vidmar, *Judging the Jury* (New York: Plenum, 1986), p128.

R. v. Turnbull［1977］一案做出了些许改变，也就是当目击证人的证言可能出现错误时，法官应当及时向陪审团做出指示和警告，但仍不允许陪审团听取更多的来自专家的意见。此外，当证人向陪审团做出陈述时，法官会建议尽可能使用简单、直接的语言。但研究证实，复杂的语言其实并不会降低证人的记忆力，反而是一味地要求直白会导致证人很难将复杂信息阐释明白。当然，生动的证词是被允许的，且更容易让陪审团接受，例如，相较于"发现受害人被斩首的尸体"，"发现小孩被斩首的尸体"这类言词很明显更容易打动陪审团。❶

　　在有些情况下，法官会告知陪审员，对某项证据可以完全忽略，或者用另一种方式来看待，如法官可能提示陪审团，该证据关乎的是可信性而不是倾向性。但研究发现，法官的这种指示非但不会对陪审员起到应有的引导作用，反而有可能使陪审团往相反的方向去理解，例如，对于多重控罪案件，也就是有许多被告人，或者同一个被告人有多重控罪的案件，由于证据一件又一件地涌进陪审团的头脑中，陪审团可能会愈发感到混乱。因此，比起将控罪单独分开听审来说，陪审团对于这种多重控罪案件给予有罪裁定的可能性就会大很多，在这种情况下，法官当然会指示陪审团应当单独看待被告或者控罪，但这种指示基本不会对陪审员产生任何作用。❷ 此外，从战略层面上说，出庭律师其实一直都很想知道，证据展示的顺序是否重要，以及第一个陈述和最后一个陈述对于陪审团裁判而言，是否有区别。对此，蒂鲍特和沃克研究发现，无论是每一方的内部顺序还是审判的总体顺序，确实存在着很强的近因效应，但在很大程度上，又被传统的审判模式所抵消。

二、陪审团（集体）审议❸

　　听审证据结束，法官对陪审团做出司法指示后，陪审团随即退席，开始集体审议，也就是评价证据，协商达成合意，进而对被告人做出有罪与否的裁决。这份看似很简单的工作，对于 12 个随机挑选出来的人来说，却是一项极其困难的工作，因为，在陪审团中间，既无法做出细致有效的分

---

❶　M. O. Miller & T. A. Mauet, The Psychology of Jury Persuasion, 22 Am. J. Trial Advoc. , 1999, p560.

❷　G. M. Stephenson, *The Psychology of Criminal Justice* (Blackwell-Oxford, 1992), p201.

❸　Penny Darbyshire, Andy Maughan and Angus Stewart, *What Can the English Legal System Learn from Jury Research Published up to* 2001? (Research Papers in Law, Kingston University), pp29-32; 53.

工，也不能对证据单纯地进行累计和添加，无论是工作效率还是工作成果，都是不可计量的。● 因此，对于具体应当如何进行审议，法官很难对陪审团做出指示，由此造成审议这一程序基本上可以算是一种群体基于达成一致而进行协商的过程，而不是完全审查证据的过程。详言之，在审议过程中，一旦大多数人对案件形成清晰明白的看法，陪审团就进入了讨论和协商的过程，其他的人也被劝说采纳这一决定，最后形成全体一致或者大多数一致裁决，或者陪审团处于悬而未决状态。可见，陪审团内部的裁决意见越是集中，审议的重点就越会集中于协商，而不是审查证据。例如曾有陪审员说道："作为陪审员，有必要将自己所形成的故事版本一次性灌输给同伴，以致其他同伴能够在各自的头脑中形成理解……由于我做了很好的记录，因此我有能力拼凑完成一个故事，并且让这个故事听起来很令人信服。"这就证实了黑斯蒂的研究结论，亦即，陪审员在努力形成一个令人信服的故事，然后劝说同伴接受。而一旦形成了一个大多数意见，这种讨论就在很大程度上变成了一种协商谈判，直到这种大多数人的建议成为最终的裁决，或者陪审团悬而未决。

虽然从法律的角度来看，陪审员不应当做出预设裁决，但实际上许多陪审员在审议之前就会有一个裁决倾向。而且，研究发现，90%案件的最终裁决结果与这些倾向相一致。这就是所谓的"多数人效应"，亦即，多数人的数量越大，其倾向就越是有可能成为最后的裁决结果，这也就是实践中陪审团极少支持少数群体意见的主要原因。在《陪审员的内心世界》一书中，彭罗德和黑斯蒂研究了这一过程：陪审团在审议之前，虽然彼此之间不可能进行过讨论，但奇怪的是，这些人就是有一种不同寻常的能力，即使在没经过任何案件讨论的情况下，也能发现并与那些观点相近的人结成联盟。● 于是，陪审团在审议初期，可能会分裂成两组意见相左的群体，相互之间进行协商，进而达成多数一致的意见。但是，如果需要进一步形成全体一致的意见，那么此时，异议者或者说是少数意见派就有能力对陪审团施加影响了，审议过程中就需要对证据和法律进行重新审查或者更多的审查。

● G. M. Stephenson, *The Psychology of Criminal Justice* (Blackwell-Oxford, 1992), pp186-187.

● R. Hastie, S. D. Penrod and N. Pennington, *Inside the Jury* (Harvard: Harvard University Press, 1983), pp22-23.

在陪审团的内部，其实存在一种力量的平衡和较量，例如，有些人热衷于讨论，有些人只是偶尔参与，而有些人干脆是很被动的，直到听完全部讨论后才肯发表自己的个人意见。研究发现，虽然积极参与者（最多有 4 名或 5 名）占据了整个陪审团近乎一半的讨论，但如果据此认为，比较沉默的少数群体（2 名到 4 名）在审议中的作用很小，则是大错特错，因为通常来说，沉默的人只是在衡量哪一种观点更具说服力，然后成为其中一员，于是最终，积极参与者的影响力，能够被这 2 名到 4 名几乎很少讲话的陪审员所抵消和平衡。再如，有一些陪审员在审议过程中随时都有可能改变立场，于是，那些早已亮明自己的裁决观点的陪审员要想通过游说来坚守住这一观点，其实并不容易。再如，陪审团主席的力量有时也不容小觑，其不仅能够主导审议，而且审议的多数意见也会遵从陪审团主席的决定。还有就是，说话者的地位和性别也会影响到陪审团的审议，比如那些有较高职业地位的陪审员，受过更高教育的陪审员，或者男性陪审员，能够在陪审团审议中会发挥更大的作用。❶

陪审团审议如果进入僵持状态，那么为了达成一致裁决，这时有一些陪审员就需要说服其他每一个人，甚至还可能需要改变他们自己的立场。❷研究发现，超过 10% 的陪审员在面对需要达成一致裁决时，会投票同意团体的意见，虽然内心仍然坚持自己在审议之前就与团体相反的意见，但最终还是会投票同意团体的意见，这也就是服从（群体）效应。尤其是当个人坚持有罪裁决，而其他大多数人认为是无罪裁决时，这位陪审员可能会借口自己错过了某些证据，或者误解了法官的某项法律指示，而因此想要改变原先想要做出有罪裁决的想法，转为同意其他人认为是无罪判决的观点。这也说明，相较于陪审员个人，陪审团整体的裁决可能更加仁慈。于是，有学者提出，法官此时应当做出一种司法指示，以中和抵消陪审团内部的这种效应。❸

---

❶ R. Hastie, S. D. Penrod and N. Pennington, *Inside the Jury* (Harvard： Harvard University Press, 1983), p233.

❷ V. P. Hans & N. Vidmar, *Judging the Jury* (New York： Plenum, 1986), p110.

❸ M. J. Saks, What Do Jury Experiments Tell Us About How Juries (should) Make Decisions? 6 *S. Cal. Interdisciplinary L. J.* 1, 1997, p38.

第三节　审议的秘密性

一、普通法陪审团审议秘密规则

普通法中有一个适用了 200 多年的规则，即在民事和刑事案件中，陪审团审议必须以秘密方式进行且在审判结束后，陪审员必须保守秘密。从本质上看，这一判例法规则关乎证据的可采性，需严格适用，亦即，在对刑事案件被告人做出有罪裁决后，或者在民事案件中裁决做出后，法庭将不得采纳发生在陪审室中的证据，也不得对此进行调查。之所以设立这一规则，就是为了确保陪审团能够完全且坦诚地交换意见而不必担心后果，以及在司法程序中努力达成最后的裁判。而且，为了保护陪审员免遭被迫做出解释或被迫改变裁决，同时也是为了公众的利益和司法公正的有效执行，需要降低陪审团受到批评、嘲笑和侵扰的危险。因此，法律规定，陪审团的裁决应当是最终且不被改变的，也就是终局性原则。当然，终局性原则并不包括对有罪判决上诉至高一级法院，只要对上诉的追求不会涉及违反陪审团审议的秘密性即可。

早在 1785 年，大法官曼斯菲尔德就提出，法庭应当拒绝采纳宣誓证据，当时，有两名陪审员控告他们所在的陪审团是通过抛掷硬币而做出了裁决，并为此做出了宣誓证据（*Vaise v. Delaval*［1785］）。在 *R. v. Thompson*［1962］一案中，陪审员做出宣誓证据提出，当时陪审团对于无罪判决的态度一直犹豫不决，直到其中一名陪审员提供了一份关于被告先前的有罪判决的清单，于是陪审团裁定被告有罪成立。可后来陪审团又反悔，要求法院对此争议性事件进行调查。但是，上诉法院拒绝就此项争议展开调查。大法官帕克对此解释道，陪审团确实不应当接触到关于被告先前有罪判决的这一信息，并且如果以上所说是真的，那么这一定会被视为是严重的不正当行为。但是毫无疑问，对于陪审室里所发生的事情，法庭是完全没有权力进行调查的。同时，法庭也不应当采纳由陪审团所提供的关于证明陪审席或者陪审室里所发生事情的相关证据。类似地，在 *Boston v. Bagshaw and Sons*［1966］一案中，12 个陪审员宣誓作证说，他们所做出的判决是与其本意相反的，但上诉法院拒绝改变陪审团的决定。当时做出此判断的大法官丹宁说，一旦陪审团做出了裁决，法官理应接受并随后解散陪审团，之后，陪审团便无权再主张说他们自己想要的裁决结果其实是不同的。原因有二，一是为了保障陪审团的最终决定，二是为了保护陪审团本身，同时预防陪审团由于受到压力从而被迫做出解释或者改变原本的看法。❶在后来的 *Nanan v. The State* ［1986］案件中，当时有 4 名陪审员做出了宣誓证据，说他们因为领会错误而同意了对被告人的有罪判决，于是要求改变原先的裁决。但枢密院司法委员会（Judicial Committee of the Privy Council）采纳了大法官丹宁的观点，驳回了这 4 名陪审员的要求。❷

在 *R. v. Miah* ［1997］案件中，一位陪审员投诉说，有些陪审员没有完成他们所应当完成的工作，但上诉法院拒绝对这名陪审员所写的文件进行调查。类似地，在 *R. v. Qureshi* ［2002］一案中，一名陪审员投诉说，有些陪审员对被告人有种族偏见，且在审判最初就决定了有罪成立。但上诉法院拒绝对这名陪审员的投诉做进一步调查。这之后，又出现了 *R. v. Mirza* ［2002］案件，以及 *R. v. Connor and Rollock* ［2002］案件。在这两个案件中，陪审团对被告做出有罪判决后，有陪审员写信给审判法庭控告说，在陪审室进行审议的过程中一直存在误导行为。其中，一个控告是其他陪审员对被告人存有种族偏见；另一个控告是其他陪审员为了节省时间，没有对每一个共同被告人的证据进行单独审查就草率地决定他们全部都有罪。但上诉法院认为，无论是根据普通法陪审团审议秘密规则，还是根据《1981 年藐视法庭法》第 8 条，对这两个案件，都应当禁止对这类控告进行调查。随后，这两个案件又都上诉至上议院，上议院大法官斯泰恩认为，陪审团保持整体独立和不偏不倚的基础，就是陪审团审议秘密原则，这个规则同时也禁止法庭对此调查询问。但需要说明的是，这是因为普通法规则，而不是因为藐视法庭法案。《1981 年藐视法庭法》第 8 条并没有说法院有处理藐视法庭行为的责任。❸

---

❶　当时，原告诉被告诽谤且提出关于"恶意"的问题，陪审团认为被告没有恶意，因而原告败诉。但在裁决做出后，陪审团又集体反悔，且每个人都宣誓自己发现了被告的恶意，因而要求改变裁决，于是原告申请重审。但最终，上诉法院驳回了这一动议，维持原审判决。

❷　Michael Zander, *Cases and Materials on the English Legal System* (10th, edn., New York：Cambridge University Press, 2007), pp532-533.

❸　Terence Ingman, *The English Legal Process* (13th, edn., Oxford：Oxford University Press, 2011), pp253-254.

二、例外

普通法陪审团审议秘密规则历经多年，已发展出了许多例外。主要来说，是关于控告陪审团受到了外部的影响（如对陪审团审议的外来影响）时，调查不涉及陪审室内的事情。例如，在 *R. v. Wooller*［1817］一案中，由于当时陪审席被另外一个陪审团占用以审理其他案件，因而不是所有的陪审员都能够进入法庭审判室送达裁决，于是，陪审团的裁决就由其中几个陪审员送出（实际上，他们不同意裁决）。但随后，陪审团又反悔了，提出宣誓证据，要求改变原审判决。上诉法院经审议后，虽然拒绝接受陪审员的宣誓证据，但还是接受了关于审判法官所犯错误的陈述证据，命令重审。之后又有类似的民事案件，例如 *Ellis v. Deheer*［1922］案件。然而在这一案件中，陪审员的宣誓证据被采纳了，即三名陪审员控告他们不能听到陪审团主席所说的话。而事实上，他们也不同意裁决。于是上诉法院命令重审。还有，在 *Ras Behari Lal v. King-Emperor*［1933］一案中，枢密院司法委员会同意就关于陪审员是否能够听得懂英语这一问题进行调查。

在 *R. v. Young*［1995］一案中，上诉法院采纳了 12 名陪审员以及另外两名和他们一起待在宾馆负责照顾他们的法警的宣誓证据，即控告有 4 名陪审员在宾馆使用占卜盘来决定案件。在后来的 *R. v. Connor and another*［2004］一案中，大法官做出法律附带意见，认为普通法陪审团审议秘密规则是有足够弹性的，因而允许采纳关于控告陪审团没有正当审议的证据，也就是通过不正当且不合理的程序在陪审室中达成了裁决，例如，如果有证据证明陪审员在陪审室内使用了占卜板，或者他们决定通过抽签或者抛掷硬币的方式来决定案件，那么这种证据就可以被承认采纳。此外，在 *R. v. Karakaya*［2005］一案中，上诉法院撤消了对被告人的有罪判决，因为在案件结束的那一天，陪审团法警在陪审室内发现了从互联网上所下载的材料，而陪审团的这一行为违反了公开司法原则，也就是公众和被告人有权了解陪审团做决定所依据的材料，且控辩双方有平等的机会记录所有提供给陪审团的材料。当然，在陪审团退席后便不能再提交任何证据，同样地，陪审员也不应当自己进行私下研究。

如果一名陪审员想要提出关于其他陪审员不正当行为的控告，最合适的时间就是在裁决做出之前，这是因为，如果陪审员当时这么做了（必要时，可以通过纸条匿名进行），则此事将由审判法官处理，且不会被适用《1981年藐视法庭法》第 8 条，因为法律并不禁止为了能使陪审团做出裁决的目的而做出的揭露行为。例如，在 *R. v. Mirza* ［2004］一案中，上诉法院建议在审判开始之前，法官应当提醒陪审员（而且，如果可能的话，在审判过程中也应当提醒），如果陪审团在审议过程中出现了不正当行为（不管是内部还是外部），陪审员有义务立即通知法官，这可以扩展至其他有此类担心的人员，例如陪审团法警或者法庭书记员。随后，大法官出台了一个《实践指引》（Crown Court：Guidance to Jurors），增加了一个新的条款（Criminal Proceedings：Consolidation）。根据这一新条款，法官应当警告陪审员，即他们有义务立刻向法官报告关于陪审团同事的不正当行为，或者影响到其他陪审员的行为。在陪审团做出裁决而解散之前，法官应当重复这一警告（尤其是在长时期的审判中）。❶

对于法官是否能够调查陪审室内部所发生的事情，在 *R. v. Smith* ［2005］一案之后，大法官卡斯韦尔颁布了司法指引，列举了一些破坏了陪审团裁决正当性的情形，以及普通法所规定的调查陪审团裁决的可能性。大法官卡斯韦尔列举了以下 6 种不同的情形：（1）一般的规则是，对于陪审团在审议过程中发生在陪审室内的任何事情，法庭不能够调查或者收集证据。（2）这一规则的例外是，如果指控的是陪审团并没有对案件进行实际裁决，而是通过抛掷硬币的方式裁决案件，这种行为违背了陪审团的功能和陪审员所做出的誓言，用这种方式所做出的裁决，丝毫不具有正当性。（3）有一条严格规则是，在裁决做出后，有关于陪审员审议内部事务的证据，是不能被采信的。（4）一般规则的通常例外是出现在这种情形下，即陪审团被指控受到外部干涉。但需要注意的是，在新技术的影响下，陪审团所受到的外部干涉已经广泛扩大，例如，2006 年有一位刑事法院法官撰文指出，陪审团不能像流行电视剧中的约翰·迪德法官那样去扮演一种积极主动的角色。在那个电视节目中，陪审团坐在法官旁边，主动进行调查询问。据说，司法界人士随后劝说这一节目应当重新审视其对于法律滑稽可笑的歪曲。（5）如果有人指控陪审

---

❶ Terence Ingman, *The English Legal Process* (13th, edn., Oxford：Oxford University Press, 2011), pp254-257.

团，在审议过程中部分陪审员存在不正当或者偏见行为时，法官需要对陪审团做出进一步的指引，或者询问他们是否能够用正确的方式继续裁判。但是，这个过程必须要当着全体陪审团的面进行，如果是在其他陪审员不在场的情况下单独询问个别陪审员，他们是否能够根据证据做出裁决，那么这是不正当的。(6) 对于就陪审团审议过程中的偏见和不正当行为进行必要的调查，《1981年藐视法庭法》第8条对于法庭本身而言不是一个障碍，也就是说，如果这些事情有可靠的证据，则法官是可以调查和根据情况处理这些申诉的。❶

需要注意的是，司法指引并没有提到这一情形，即如果在审判结束并且裁决已被法庭记录之后，有陪审员提出陪审团有不正当行为。然而，这种情况出现在了 *Attorney General v. Scotcher* [2003] 一案中，当时，陪审团以 10∶1 的大多数一致裁决两名被告人有罪成立。但在审判结束后的当天，其中一名陪审员写了一封匿名信给其中一名被告人的母亲，诉称陪审室中发生了不正当行为。这封信中提到，因为他们想要尽快离开陪审室回家，所以在进行简单的讨论后，许多人改变了他们的投票……他们是基于偏见和传闻做出了决定（想要快点回家喝茶）。我希望法律能认定此裁决不安全。不知道这是否能表明法官误导了陪审团……祝好运。于是，这位母亲把这封信交给了儿子的律师，从而提出了上诉。但与此同时，这封信被交给了警察，并调查出此人的身份，检察总长同意根据《1981年藐视法庭法》第8条，以藐视法庭罪对其展开调查程序。上诉法院驳回了这位母亲的上诉，认为首要原则是保护陪审室秘密，但是，如果是在裁判做出之前，陪审员感觉到自己参加了一场不公平的审判，他是有必要说出来的。例如这名陪审员在撰写匿名信之前，就曾听到法官建议陪审员思考一下陪审团自身的行为，并告知他们在裁决做出之前可以向法官提出。另外，法院之所以裁定该陪审员的藐视法庭罪成立，是因为其写信给被告人母亲的行为，已经完全将自己置于《1981年藐视法庭法》第8条第1款关于泄露陪审团审议秘密性的危险之下，至于其所提出的想要揭露司法不公正的辩护理由，在法律上也是站不住脚的。此外，Scotcher 案件对于厘清哪些情形下投诉人不会触犯藐视法庭罪是很重要的，例如，如

---

❶ Gary Slapper and David Kelly, *The English Legal System* (12th, edn., London and New York: Routledge, 2011), pp534-535.

果陪审员没有写信给被告人的母亲，而是将疑虑直接告诉刑事法院或者上诉法院，或者间接告诉刑事法院（通过陪审团法警或者法庭书记官），或者用密封的信件给被告人的事务律师或者出庭律师，或者给公民咨询局，要求将信以不公开的方式转交给合适的司法机构，那么这名陪审员将不会触犯藐视法庭罪，因为他的行为并没有恶意、不诚实或者其他不正当的动机。❶

需要提及的是，陪审团在宣读裁决后，有时会做出改变。例如，在 *R. v. Fraud*［1990］一案中，陪审团主席错误地宣布，裁决为无罪，但随即他又迅速地纠正了这一错误，宣布裁决为有罪。于是，法官接受了这一裁决，并拒绝稍后重新公开裁决。上诉法院认为，在裁决被记录之前或者之后短时间内，陪审团有权纠正自己的裁决。在 *R. v. Aylott*［1996］一案中，由于法官产生了误解，在将已经做出的裁决送达之前，解散了陪审团。但随后，法官认识到自己的错误，重新召回陪审团，并接受了有罪判决。对此，上诉法院认为，为了公平和公正的利益，法官的行为是正确的。但是，在 *R. v. Bills*［1995］一案中，法官接受改变了的裁决，就是错误的。详言之，当时陪审团认为，对于故意伤害行为，被告人是无罪的，但对于不合法伤害的次要的犯罪行为则是有罪的，于是，陪审团宣读了被告之前的有罪判决，之后陪审团被解散。但当天的稍后时间，陪审团想要改变裁决，说他们发现被告对于更加严重的犯罪行为也就是故意伤害行为也是有罪的，法官接受了这一改变的裁决。但上诉法院认为，这一改变了的裁决是不安全的，因为很明显，陪审团之所以改变裁决，是因为受到了对于被告人的轻罪做出有罪判决的宣读的影响。如果坚持这一改变了的新裁决，则对于被告人来说是非常不公正的。更何况，当时法官的总结概述是很清晰的，没有证据证明陪审团存有误解。也就是说，陪审团最初的裁决是很清楚的，且当被宣读时也没有引起任何异议。于是，上诉法院撤消了这一改变了的裁决，而代之以原始的裁决。

三、《1981 年藐视法庭法》第 8 条

法律规定，无论是在审判过程中还是审判结束后，陪审员对于陪审室内的情况都不能对外透漏。但是，如果有新闻媒体，想要出版关于陪审团审议

---

❶ Terence Ingman, *The English Legal Process* (13th, edn., Oxford：Oxford University Press, 2011), pp257-258.

的细节，陪审团该如何应对？在对 *R. v. Jeremy Thorpe*［1979］案件的审判结束之后，这个问题就浮现出来。❶ 当时，《新政治家》杂志于 1979 年发表了一篇访谈，负责审理该案的陪审员在访谈中讲述了陪审团审议裁定的大量细节，于是，检察官提起了藐视法庭的控告。但是令人惊讶的是，检察官居然输掉了诉讼，也就是关于 *Attorney-General v. New Statesman*［1980］案件。法院认为，关于泄漏陪审室内部秘密的行为到底是否会构成藐视法庭罪，需要取决于当时的具体情况，也就是说，如果揭露将会危及陪审团的最终裁定，或者是为了影响未来的陪审员的态度看法或裁决品质，则成立藐视法庭罪。但是此案的访谈发表行为，并不具备藐视法庭罪的特征，而且这名陪审员也没有得到任何的酬劳，因此仍需适用普通法陪审团审议秘密性规则。

但是，媒体的胜利只是短暂的。为填补在 *Attorney-General v. New Statesman*［1980］一案中所反映出的法律空白，《1981 年藐视法庭法》第 8 条被正式颁布，允许藐视法庭罪适用于普通法所没有列举出的情形。也就是说，在任何司法程序中（无论刑事还是民事案件），获得、泄露或者请求陪审团在审议过程中陪审员所陈述和表达的观点、之前的争论、投票计算的细节，都是犯罪行为。但是，这种藐视诉讼只能由检察总长提起，或者是得到了检察总长的同意，或者法庭为了处理问题而发出动议，比如当有新闻记者想要获取陪审员的特别信息时，审判法庭就需要处理。例如，在 *Attorney General v. Associated Newspapers*［1994］案件中，《周日邮报》主办者因发表了 Blue Arrow 一案中陪审员的观点而被控藐视法庭罪，被处 60 000 英镑罚金。但是，这个信息不是从陪审员那里所直接获得的，而是来自据称是由一个付酬研究人员所完成的文字记录。上议院驳回了这一上诉，因为发表关于陪审团在审议时陪审室内的情况构成藐视法庭罪，除非该发表的内容是公众所已经知晓的事实，至于泄露陪审室内部情况，不管是直接来自陪审员还是间接取得，这并没有什么不同。此外，"泄露"这个关键词，不仅适用于陪审团，也适用于公布此类事情的任何人或机构。但是，为了促使陪审团达成裁决，从而泄露司法程序中的某一信息，或者与裁决的送达有关的某一信息，或者泄露有关早期程

---

❶　1979 年，有一位著名的政治人物 Jeremy Thorpe 被控共谋谋杀以及杀人未遂，经陪审团审理后，被判无罪开释。当时，这一案件受到了公众的高度关注，且很多人认为，该无罪判决是陪审团做出的公正裁决。然而，不久之后却发现，陪审团当时其实受到了很多外部因素的干扰。于是《新政治家》（New Statesman）发表了对其中一名陪审员的采访，但这名陪审员保持匿名且没有得到报酬。

序的陪审团在随后的司法程序中已经承认的控罪，以上这些，不是藐视法庭犯罪行为。然而，为了帮助被告人对有罪判决进行上诉从而泄露陪审团审议的信息，则是没有例外的。❶

需要提及的是，《1981 年藐视法庭法》第 8 条在当时一经公布，就受到了大法官哈钦森和威戈德所代表的政府意见的反对，但同时得到了刑事律师协会和首席大法官的支持。而且，在这个条款还只是议案时，当时的刑法修订委员会审议认为，完全没有任何被立法的必要，若要提醒陪审员注意保密义务，则可以通过将此布告张贴在陪审室墙上的方式，且这并不会引起什么误解。更何况，陪审员一直都在谨守保密义务，也没有陪审员因为透露信息而造成严重损害从而需要受到法律惩处的案例。因此，陪审员在案件结束后，向家人和朋友透露少量不可避免的关于其作为陪审员的经历，这种透露，虽然不应当受到鼓励，但也不应当受到惩罚。❷

四、普通法规则与《1981 年藐视法庭法》第 8 条之间的关系

普通法陪审团审议秘密规则与《1981 年藐视法庭法》第 8 条即禁止调查陪审团审议，以及《欧洲人权公约》第 6 条即被告人有获得公平审判权的权利，这三者相互之间并不矛盾。需要注意的是，是否可以采纳关于陪审团审议证据，这属于普通法陪审团审议秘密规则，而不是《1981 年藐视法庭法》第 8 条；另外，既然法院（法官）不能藐视法庭自身，因此普通法陪审团审议秘密规则不能适用于法院。也就是说，《1981 年藐视法庭法》第 8 条应当适用于除法官之外的人，也就是适用于陪审团成员、媒体以及与陪审员交流信息的法院工作人员、书记官、法警等任何人或机构，这些人对于陪审团的审议，都应当保守秘密。❸

在 *Gregory v. UK* [1998] 一案中，欧洲人权法院认为，普通法陪审团审议秘密规则是英国审判法律中极为传统且重要的特征，与《欧洲人权公约》第 6 条是相一致的，亦即，法庭包括陪审团，必须是不偏不倚并秉持客观公正。

---

❶ Terence Ingman, *The English Legal Process* (13th, edn., Oxford: Oxford University Press, 2011), pp255-256.

❷ J. Jaconelli, Some Thoughts on Jury Secrecy, *Legal Studier*, March 1990, p91.

❸ Terence Ingman, *The English Legal Process* (13th, edn., Oxford: Oxford University Press, 2011), p256.

详言之，被告人 G 提出，陪审团存在种族歧视因此没有获得公正审判，当时，在陪审团正进行审议时，审判法官收到了一张纸条投诉陪审团正在表达种族歧视言论，并且某个陪审员应该被免职。法官随即警告陪审团必须抛弃任何偏见并且仅根据证据来决定案件，并驳回了陪审员的投诉。这是因为，陪审团审议的秘密性原则是英国司法审判的特性，也是为了加强陪审团的作用，进而确保陪审团是事实的最终裁决者，以及保证陪审员在审议时的公开和坦白。因此，审判法官不可能去调查陪审员关于纸条上所阐述的情形。对于这一点，欧洲人权法院做出了肯定的答复，也就是说，承认英国陪审室秘密性原则是根本性的，不可逾越；但与此同时，欧洲人权法院以 4∶3 的投票表决认为，被告人没有得到公正审判，因为，对于陪审员控告另外两名陪审员持有种族歧视偏见这一事件，审判法官没有采取强有力的措施进行处理，只是告诉其他陪审员必须遵循自己的良心，且需要认真思考自己到底能否仅根据证据而决定案件，并将结论告知法庭。随后，法官在收到陪审员保证的第二天，就允许审判继续进行。对于这一点，欧洲人权法院认为，这名法官并没有提供充分的保证以排除偏见，或者排除对于陪审团公正性的合理怀疑，因此，侵犯了被告人获得公平审判的权利，对于被告人所提出的控告，予以支持。再如，在 *Sander v. UK*［2001］一案中，一名陪审员投诉说，陪审团内部有人在拿种族开玩笑。法官接到投诉后，裁定休庭一个晚上，要求陪审员们想清楚，自己到底能否做到仅仅依照证据进行审判。第二天早上，陪审团驳斥了这一投诉，并保证可以依照证据进行裁定。还有一名陪审员道歉说，自己可能是导致休庭的原因，并宣称自己与少数人种之间是有接触的，但不存在偏见，于是，法官裁定陪审团可以继续审判。但是，欧洲人权法院认为，这违反了《欧洲人权公约》第 6 条，因为既然已经有一名陪审员承认自己在陪审团内开了种族主义玩笑，那么，法庭就不能保证其他陪审员没有种族主义倾向。因此，陪审团所做出的裁定对于被告人而言是显失公平的。

在 *R. v. Mirza*［2004］一案中，上议院认为，《1981 年藐视法庭法》第 8 条即禁止调查陪审团审议，没有违反《欧洲人权公约》第 6 条即被告人有获得公正审判权的权利，而欧洲人权法院案例法也并没有损害陪审团审议秘密性的原则。也就是说，在《欧洲人权公约》第 6 条的前提下，《1981 年藐视法庭法》第 8 条对于 *R. v. Mirza*［2004］案件仍然继续有效。详言之，被告人

Mirza 于 1988 年从巴基斯坦来到英国，因被控犯有 6 个月的强暴猥亵罪而接受陪审团审判。在审判过程中使用了翻译，但陪审团向这名翻译递了一个纸条，询问像 Mirza 这样背景的人，到底是否需要翻译，因为被告人毕竟已经在英国居住很久了。法官在总结概述时，告诉陪审团，对于语言不够流利的人来说，通常在复杂和严重的案件中是需要翻译的，并且指引陪审团，不要因为 Mirza 使用翻译，而做出对其不利的推论。最终，陪审团以 10∶2 的大多数一致裁判有罪成立。但在审判结束 6 天后，被告律师收到了其中一名陪审员的来信，称陪审团存在种族主义偏见。实际上，有一些陪审员在审判之初，就认为使用翻译是不正直的策略。也就是说，关于被告人是否应当使用翻译的问题，在陪审团审议之初就产生了，当这名陪审员提醒其他陪审员应注意法官的指引时，其他的陪审员要求其闭嘴。可见，陪审团不仅拒绝接受法官的指引，还把辩方律师在最后终结陈词中所提到关于防止偏见的警告视为打着种族的旗号。因此，这名陪审员认为，陪审团最后的裁定是因为 Mirza 在法庭中使用翻译，并对其存有偏见。于是，被告人提出上诉，大法官以 4∶1 的大多数投票赞成适用《1981 年藐视法庭法》第 8 条，即禁止任何对于陪审室情况的调查，并引用了 *Gregory v. UK*［1998］中的一段话，也就是，欧洲人权法院对于英国法律保护陪审团秘密的做法，已经明确表示了同意和支持，而且承认，英国陪审团秘密秘密性的这一原则与《欧洲人权公约》第 6 条是不冲突的。❶

　　上议院在 *R. v. Smith*［2005］一案中再次讨论了这一问题。这个案件的情况是，在陪审团开始审议之后，法官收到了一名陪审员的纸条，上面投诉说有一些陪审员不顾法官对于法律的指引，正在做出不正当的裁决。对此，法官没有立即解散陪审团，而是征求双方律师的同意，在举证责任方面对陪审团进行了进一步的指引，并警告陪审团必须依据证据而不是靠猜测来做出裁决。同时法官也提到讨论的必要性，但告诉陪审员不要因害怕而顺从其他人的意见，做出自己原本所不同意的裁决。结果，陪审团对被告人做出了大多数一致的有罪判决。被告人上诉辩称，法官应当就陪审员所写的控告信展开调查。但上议院认为，这种要求是不合适的，并拒绝列明关于允许审判法官

---

　　❶　但是，作为少数派的大法官斯泰恩认为，英国为了陪审团制度普遍效率的利益而牺牲司法公正的做法，对此，欧洲人权法院很可能不会赞同。而且，《欧洲人权公约》第 6 条中所提到的改革权利，以及人权法 50 年的发展和实践，这些都能够表明，英国的这种做法是完全站不住脚的。

询问陪审团的具体情形。然而，上议院也认为，当时的审判法官有两个选择，要么解散陪审团，要么给陪审团以进一步的指引。事实上，法官应尽可能选择后者，且给予陪审团显著且详尽的指示说明。可是，在接到陪审员投诉之后，这名审判法官对陪审团所做的指引明显不够强硬，这就很难确保陪审团的裁决是采用正当方式做出的。于是，上议院认为陪审团对被告人所做的有罪判决是不安全的，裁定撤销原审判决。❶

由于陪审团审议秘密受到保护，再加上《1981 年藐视法庭法》第 8 条规定了泄露陪审团的审议是一种犯罪行为，但这一条款涵盖范围甚广，因此其负面效果是排除了大量关于陪审团裁决的善意研究。于是，1993 年新成立的皇家刑事司法委员会（Royal Commission on Criminal Jutice）提出建议，要求对这一条款进行相关的修订。但是，大法官奥德在 2001 年法律评论中明确表示了反对。详言之，对于这个问题，主要有两派观点，一派是以大法官休厄特为代表，认为陪审团裁决的价值就在于其隐秘性，且格兰维尔·威廉在 1995 年《证明有罪》一书中也认为，保持陪审团裁决隐秘性的真正原因，在于保持公众对于陪审团制度的信心，而过多详细的了解可能会破坏这一制度；另一派以达比希尔为代表，认为关于世界范围内陪审团的研究是很有价值的，英国可以从中学到很多经验，并且其中大部分是不具有侵入性的。在谨慎考虑这两派观点，并参照《1994 年纽约陪审团研究》和《2001 年新西兰刑事陪审团审判研究》进行分析后，大法官奥德得出结论，如果修订《1981 年藐视法庭法》第 8 条，准许对陪审团审议裁决进行合法的研究，也就是对于陪审员个人是如何做出决定进行研究，则上诉法院刑事分庭也会将陪审室内部情况作为审查的上诉对象，但这必然会损害公众对陪审团裁决正当性的信心，而且从其他国家非侵入性的研究中，英国也能够学到充足的经验，因此，建议不要修订《1981 年藐视法庭法》第 8 条。与此同时，对于普通法国家内的一切可能存在的研究资料，英国应当谨慎对待。也就是说，对于一切关于陪审团是怎样做出裁决的可利用的资料，英国应适当地进行分辨和回应。

为了提高对陪审团的支持和保护，英国政府宪法事务部（Department for Constitutional Affairs）在 2005 年 1 月发表了一篇咨商性论文，再次提出了关于

---

❶ Gary Slapper and David Kelly, *The English Legal System*（12th, edn., London and New York: Routledge, 2011), pp533-534.

《1981 年藐视法庭法》第 8 条是否应当被修订的问题，亦即是否应当继续禁止对关于陪审团审议的所有研究，以及是否应当将情形具体列明，如哪些情况下可以根据控告陪审室内有不正当行为，从而对陪审团审议展开调查。实际上，禁止对陪审团审议的善意研究一直都不是政府的本意，但上议院在对这类研究的危险性进行了长期审议后，做出了最后的修订意见，继续禁止这类研究。详言之：

如果允许对陪审团审议进行研究，可能有以下好处，包括：了解陪审员在裁决有罪或者无罪时看重的因素；改进和提高法官的司法指导和指引；了解陪审员如何看待审判程序；检测是否所有的陪审员都能够参与审议；查明是否存在有关于性别、种族或者其他偏见的证据；发现能够使陪审员更好履行职责的其他因素。与此同时，可能带来的危害包括：阻碍了陪审团审议讨论的坦白性；破坏了裁决的终局性；损害了公众对于陪审团制度的信心；如果研究不是善意的或者是有偏见的，则将陪审员置于尴尬境地。

据此，上议院得出结论，法律的任何变化都必须是为了提高对陪审员的支持。因此，应当允许更多关于陪审团审议的研究，但开始时，要限定在现存法律允许的范围内，而不要去对《1981 年藐视法庭法》第 8 条进行修订。也就是说，只有在得到司法部长允许的前提下，才可以进行关于陪审团审议的研究，并且其研究必须符合司法部长和首席大法官所提出的条件。对于陪审团不正当行为的问题，政府的观点是，应当通过案例法来修订法律，而不是对成文法的修改。

第七章

陪审团之裁决

第一节 陪审团裁决的规则[1]

法官在完成总结概述之后，指示陪审团努力达成全体一致裁决。如果陪审团达成了一致裁决，则陪审团将回到法庭，书记官会询问陪审团主席："陪审团是否达成了全体一致同意的裁决？"陪审团主席需要针对每一项控罪回答道："是的。"陪审团必须针对每一项控罪，并就一项控罪中的每一位共同被告做出相应的裁决，除非他们就某一项控罪无法做出裁决。当然，陪审团可以就某些控罪裁决被告人有罪，而就另一些控罪裁决被告人无罪；或者裁决其中一名被告人有罪，而其他共同被告无罪；在询问完裁决后，书记官接下来会这样问道："针对控罪一，即被告人被诉的偷窃行为，你们认为被告人有罪还是无罪？……针对控罪二，被告人被诉的意欲偷窃行为，你们认为被告人有罪还是无罪？"……以此类推，直到询问完全部控罪。如果起诉书中有共同被告人，书记官需要念出每一位被告人的名字，并就其相关控罪进行裁决的询问，而不是仅用"被告人"三个字代替。如果法官裁定控方案件不成立，则是针对控罪一做出指示，但针对控罪二的审判仍然继续。这时书记官会这样问道："针对控罪一，你们同意按照法官大人的指示，给予被告人无罪

---

❶ John Sprack, *A Practical Approach to Criminal Procedure* (10th, edn., Oxford: Oxford University Press, 2004), pp365-366; pp373-378.

开释吗?"陪审团主席随后回答:"无罪。"则针对控罪二的裁决仍然通过正常方式做出。如果这时有陪审员提出反对意见,则推定为陪审员同意以他们自己的名义做出裁决。在 *R. v. Austin* [2003] 一案中,上诉法院认为整个陪审团似乎没有人反对这一裁决,但其实这只是一个推测(可以提出反对),即推定全体陪审员都同意这一裁决。

一、大多数一致裁决

在苏格兰,自古以来一直都是允许 8 人陪审团或者 15 人陪审团中的大多数一致裁决。而在英格兰的历史上,无论是民事案件还是刑事案件,陪审团裁决必须只能是全体一致同意的裁决,如果无法达成全体一致裁决,则需要进行重审。因此,在案件审判中,持异议者在大多数情况下可能选择放弃已见,以避免使陪审团陷入僵局。对于达成全体一致裁决的现实可能性一直都受到质疑,尤其是在 20 世纪 60 年代,对于这一要求的批评越来越多。来自警方的批评更为强烈,即在刑事案件中,虽然这有助于防止错误的有罪判决,但陪审团中只要有一个成员受到被告人或其支持者的胁迫或者收买,就可能拒绝其他 11 个人的意见,进而导致重审。1967 年,内政部长鲁伊·詹金斯先生曾在刑事司法议案中提议,应允许 12 人陪审团中不少于 10 人同意的大多数一致裁决,因为发生了太多关于收买陪审团的风波,但在那个时代,这个建议激怒了许多反对者,而在那个过渡时期,这似乎又是可接受的。❶ 大法官奥德处理这个问题只用了九行字,他评论说,对于大多数一致裁决的引入,或者说推翻全体一致裁决,之所以没有受到太多人的支持,是因为它在苏格兰的应用优势没有得到充分的证明和体现。但最终,英格兰在《1976 年刑事审判法》中第一次打破以往传统,引入了大多数一致裁决,法律依据是《1974 年陪审团法》第 17 条。2008 年,在做出无罪答辩后送入刑事法院经陪审团审判确定为有罪的判决中,有 19% 是由大多数一致裁决所做出的有罪判决。为了避免被视为次等的无罪开释,法律不允许陪审团揭露其所做出的无罪开释是基于大多数一致裁决。因此,对于大多数一致的无罪开释裁决比例,没有相应的官方数据。

根据《1974 年陪审团法》第 17 条,大多数一致裁决的要求是:如果陪

---

❶ G. Maher, Jury Verdicts and the Presumption of Innocence, *Legal Studies*, 1983, p146.

审团成员是 12 名，则人数比为 11∶1 或 10∶2；如果陪审团成员少于 12 名，则为 10∶1 或 9∶1，但 9∶2 是不可接受的。如果陪审团成员少于 9 名，则必须只能是全体一致同意裁决。陪审团基于大多数一致裁决，既可以裁定被告人有罪，也可以裁定被告人无罪。但如果是裁定被告人有罪，则陪审团主席就必须在法庭上公开陈述同意有罪裁决的陪审员数量，以及不同意有罪裁决的陪审员数量（当然，不必说出陪审员的名字，根据《1974 年陪审团法》第 17（3）条）。对大多数一致裁决的主要限制条款是《1974 年陪审团法》第 17（4）条，即只有在法庭预留了 2 个小时，或者当法官认为案件复杂时预留了更长的时间，但陪审团依然无法达成全体一致裁决时，法庭才可以接受大多数一致裁决。因此，法官在完成总结概述后，首先要指示陪审团，必须尽可能达成全体一致裁决。当然，如果法官愿意，也可以暗示陪审团，在将来某个时期，法官可能指示陪审团做出大多数一致裁决，但是，法官却不能暗示陪审团，在法官指示做出大多数一致裁决之前到底需要经过多长时间，如 *R. v. Thomas*［1983］案件。同时，法官也最好不要提及，法官需要经过多久才会对陪审团做出关于大多数一致裁决的指示。但是，如果是在陈述案件事实时提到了这一时间，则不会对陪审团造成压力。虽然《1974 年陪审团法》第 17 条规定时间是 2 个小时，但实际上《1970 年实务指引》（*Practice Directions 1970*）已经将时间有所延长，即从陪审团离开陪审席到最后达成大多数一致裁决，这中间至少要经过 2 个小时零 10 分钟。而这额外的 10 分钟，是给陪审团进入陪审室、全体入座、审议期间向法庭提问，以及其他需要花费时间的事项准备的。

关于达成多达数一致裁决的程序，是在《1967 年实务指引》（*Practice Directions 1967*）中规定的。陪审团在经过审议回到法庭后，书记官会询问陪审团主席，陪审团是否达成了全体一致裁决。如果是，裁决将按常规方法宣布；如果不是，法官将对陪审团做出关于再次要努力达成全体一致裁决的指示。在经过 2 小时零 10 分钟甚至更长时间之后，如果陪审团回到法庭，或者由法官召回至法庭，书记官会再次询问陪审团是否达成了全体一致裁决。如果陪审团主席还是回答"没有"，法官会对陪审团进行关于做出大多数一致裁决的指示，例如，法官会告诉陪审团，他们应当再次退席并努力达成全体一致裁决。如果依然还是不行，法官将接受陪审团所做出的大多数一致裁决，并告诉他们达成大多数一致裁决的规则。接到法官关于达成大多数一致裁决的指示并经过审议之后，陪审团最后一次回到法庭，这时书记官会询问："陪审团中是否有 10 人（如果陪审团成员只有 10 人，则是否有 9 人）同意所做出的裁决?" 如果是这样，裁决将被宣布（当然，如果没有达成大多数一致裁决，这些努力全都失败了，则陪审团将被解散，且可能由新的陪审团重审），这时书记官会要求陪审团主席仅仅回答"有罪"还是"无罪"。这是为了避免陪审团主席说"大多数裁决无罪"，因为这可能让公众误认为虽然被告人被裁定无罪，但仅仅是陪审团中的大多数人认为无罪。相应地，如果裁决为无罪，则陪审团主席无须多说什么，即不必陈述陪审团成员中同意和不同意的数量。但是，如果大多数一致裁决为有罪，则陪审团主席还需要陈述同意有罪裁决的陪审员数量。虽然这与《1974 年陪审团法》第 17（3）条的表面文字要求，即陪审团主席需要陈述同意有罪裁决的陪审员数量以及不同意有罪裁决的陪审员数量这一规定看似相互矛盾，但陪审团主席其实根本没必要同时陈述同意和不同意有罪裁决的陪审员的数量，因为如果陪审团主席说有 10 人或者 11 人同意，则剩下不同意的少数人的数量是显而易见可以计算出来的。需要注意的是，上诉法院对于这个界限问题的意见也在不断变化中。例如，《1967 年刑事审判法》中第 17（3）条规定，除非陪审团主席在法庭上公开宣布同意和不同意的陪审员人数比例，否则法庭不应当接受大多数一致裁决。但在 *R. v. pigg*［1983］一案中，大法官们一致裁定，虽然这是强制性的要求，即同意有罪判决的数量和不同意的数量必须为公众所知，但是用语的准确形式并不是这个强制性要求的一部分，因为应当将第 17（3）条理解为，只要法庭书记官和陪审团主席所用的话语能够使一个普通人清楚地明白陪审员的同意和不同意数量即可。假设陪审团由 12 人组成，陪审团主席在回答有几人同意该裁定时，回答为 10 人同意，就满足了第 17（3）条的要求，因为任何一个普通人都能够明白有 2 人不同意，只需要一个简单的计算而已。

虽然上诉法院强调《1967 实务指引》中所规定程序的重要性，但是，其并不具有法律强制执行力，因此，如果违反也并不一定导致有罪判决的废除，如 *R. v. Glibert*［1978］案件。但是，这并不同于违反在第 17 条中关于必须经过 2 小时才能接受大多数一致裁决的规定，也不同于违反在第 17 条中关于陪审团主席要说出同意有罪判决大多数的数量的规定。因为，如果违反第 17

条，则裁决就不可能是"正当或者公正的"，因此对其的上诉必然会成功，如在 *R. v. Barry* [1975] 一案中，在陪审团主席没有做出陈述之前，法官就接受了大多数一致的有罪判决，因此导致有罪裁决被推翻。而且即使陪审团主席做出了陈述，如果没有陈述出同意和不同意此裁决的陪审员数量，则上诉法院还是会同意被告人的上诉并撤销此有罪判决。在 *R. v. Mendy* [1992] 一案中，当法庭书记官询问陪审团主席，该有罪判决是如何被达成时，陪审团主席含混地回答道"是基于我们中的大多数"，本案的司法职业人士如法庭书记官、审判法官、律师及他们的事务律师，似乎都简单地将其视为一个全体一致裁定。然而上诉中，这一问题被提了出来，即陪审团主席所回答的，到底是大多数一致裁决，还是全体一致裁决。如果陪审团主席的回答意思是指大多数一致裁决，那么第 17（3）条的要求就没有被遵守，因为陪审团主席没有叙述有多少人同意和多少人不同意。上诉法院认为，在那种情况下，不需要去适用 *R. v. Barry* [1975] 判例，因为，既然这一案件涉及自由，则应当将含混的有利推断给予被告，从而撤销对其的有罪判决。上诉法院还强调，律师及其事务律师对于程序事项应当给予高度关注，以避免将来对判决出现"令人恐惧的可能性"。但是，当陪审团主席没有陈述陪审员对于大多数一致有罪判决的同意和不同意的数量，如果在陪审团被重新召集之后，这一疏忽能够被陪审团主席所迅速纠正，那么这一裁决还是合法的，如 *R. v. Maloney* [1996] 一案，有缺陷的裁决于周五做出，而在下周一即第一个工作日旋即得到了纠正。

R. v. Millward [1991] 案件既不同于 Barry 案和 Mendy 案，因为本案中法庭书记官提出了正确的问题，也不同于 Maloney 案，因为本案中陪审团主席的回答并不是含混不清的。与这三个早期的案件不同，在 Millward 案中，陪审团主席清楚且明确做出表述，是全体一致的裁决。详言之，法庭书记官问道，所达成的裁决是否由至少 10 人同意，对此陪审团主席回答道"是的"。于是书记官进一步问道："这一裁决是出自于你们所有人还是大多数一致？"陪审团主席答道"我们所有人"。之后书记官问道："你们裁定被告人有罪且这是你们所有人的裁决？"陪审团主席答曰"是的"，于是，这一有罪裁决被记录下来。但到了第二天，陪审团主席写信给法官，说她犯了一个错误，事实上，只有 10 人同意而 2 人不同意。之后，此有罪判决被提出上诉，理由是没有遵

守《1974年陪审团法》第17（3）条。上诉法院经审理后，驳回了这一上诉，因为书记官已经提出了正确的问题，而陪审团的回答并不是含混不清的，明确表述这一裁决是全体一致的。退一步说，即使这一结论是错误的，这也是一个可以被接受的大多数一致的裁决。因此，这一有罪判决是安全的。再如，在 *R. v. Shields* ［1997］一案中，法官是在经过1小时零47分钟之后给出了大多数一致裁决指示，但之后法官也做出了补救和修正，即告诉陪审团他过早地要求陪审团做出大多数一致裁决，且陪审团应当达成全体一致裁决。但事实上陪审团是在经过了3小时零47分钟之后才做出了10∶2的大多数一致有罪裁决，因此该有罪裁决得到了上诉法院的支持。另外，如果法庭书记官在考量陪审团裁决时犯了错误，则期望律师或者法官能够打断书记官，且由法官要求其重新开始，以避免对于裁决是全体一致还是大多数一致产生混淆，同时也为了避免不必要的上诉，参见 *R. v. Stringfellow* ［2008］案件。

法官关于接受大多数一致裁决的意愿程度取决于案件的严重性和复杂性，以及法官个人对于全体一致裁决的渴望度。例如，在 *R. v. Mansfield* ［1977］一案中，科布法官两次将陪审团召回至法庭，以强调对于达成全体一致裁决的期望，且陪审团经过36个多小时的研究才做出关于大多数一致裁决的司法指示。而在 *R. v. Glibert* ［1978］一案中，仅仅在经过最低时间限度即2小时零10分钟之后，梅尔福德·史蒂文森法官就告诉陪审团，他可以接受大多数一致裁决。在这两个案件中，被告人都被控谋杀罪，虽然 Mansfield 案件要更加严重，因为其被控7项谋杀罪和3项纵火罪，且证据也比 Glibert 一案更为复杂，但即使是这样，法官关于裁决种类的接受态度，反差还是相当大的。关于陪审团应当经过多久来达成全体一致裁决，上诉法院在 *R. v. Rose* ［1982］一案中表示，本案是一件复杂的谋杀案，审判持续了15天，但在陪审团退席进行审议后仅经过了2小时零40分钟，法官就指示陪审团可以做出大多数一致裁决，而即使是在一个案情轻微且简单的案件中，陪审团审议时间最起码也需要2小时零10分钟。

二、解散陷入僵局的陪审团

如果陪审团陷入僵局而无法做出裁决，则陪审团将被解散，且可能由新的陪审团重审。具体程序是：在接到法官关于做出大多数一致裁决的指示，且经过一段法官认为合适的时间进行审议后，如果仍然无法达成裁决，法官会将陪审团召回法庭，并询问陪审团主席是否陪审团真的没有任何可能达成裁决。陪审团主席回答：是，陪审团意见严重分歧，即使给予更多的时间，陪审团也不会做出裁决。于是，法官可以解散该陪审团，这是审判失控时法院的一项自由裁量事务，检察官应当申请回避离开，此时，法院所应当考虑的因素，与上诉法院在裁量是否应当撤销有罪判决而启动再审时所考量的因素，是相同的。但是，解散无法达成裁决的陪审团，并不意味着要对被告做出无罪开释。这是因为，当陪审团陷入僵局而不能就此达成裁决时，控方有权申请再审，因此，被告人可能仍然基于同一控诉而改由新的陪审团进行审判，对于之前经陪审团一致裁决宣告无罪的控罪，不应再受审判。理论上说，如果陪审团每次都无法达成裁决，则对于同一犯罪行为，是可以有无数次审判的。但实践中，如果两轮陪审团都无法达成裁决，而控方对于可能的第三次审判又无法提供新的证据，则法官将给予被告人无罪判决。当然，控方有时会不愿坚持第二次控诉审判，例如，被告人本身的罪行不是很严重，且因为第一次审判已经遭受很大的公众压力和负面评价。但对于某些案件，控方会坚持进行第二次控诉审判，例如，陪审团受到威胁或贿赂，或者控方又取得了新的证据。至于控方是否滥用第二次审判程序，取决于以下事实：（1）拖延的总体时间及原因；（2）之前审判的结果；（3）犯罪的严重程度；（4）因为上一次审判而对被告造成的改变程度。

一般来说，必须保证陪审团的审议裁决确实排除了一切外部压力，如暴力、威胁、恐吓或者贿赂，以及排除来自法官的不适当压力。因此，无论法官有多么焦急和期盼着陪审团的裁决，都绝对不能对陪审团施加任何压力。于是，即使面对着因为无法达成裁决而被解散的危险，陪审团也依然有权在尽可能充足的时间内，自由地进行审议并做出适当的裁决。如果陪审团受到了任何不当压力，则所做的裁决将可能因为不安全性而被上诉法院裁撤。例如，*R. v. McKenna*［1960］一案，陪审团在经过2小时零一刻钟的审议后，正值下午2：40，法官告诉陪审团，如果10分钟之后他们还是无法做出裁决，法官将离开法庭。法官下最后通牒的原因是担心自己赶不上火车。果然，在6分钟之后，陪审团就做出了有罪判决。但之后，却被上诉法院废除。理由是，法官的最后通牒像是一种威胁，这很可能使陪审团以为，如果他们不做出判决，则将会被关在陪审室直至第二天早上❶，正如卡塞尔法官所言，陪审团裁决的基本原则，是陪审团应当是在完全自由、不受任何承诺或威胁的影响下进行审议。可见，上诉法院对于 McKenna 一案的态度，已经完全不同于之前持续了一个多世纪的态度，即直到 1860 年，陪审团法警依然不给陪审团提供食物、饮水甚至灯光，以达到逼迫陪审团快速做出裁决的目的。需要注意的是，如果法官只是作为一个例行事项，询问陪审团是否有可能在当天晚上做出裁决，则不会被认为是不正当的压力，如 *R. v. Bean*［1991］案件。另外，如果审判法官是在下午 6 点之后给陪审团传达信息，询问陪审团是否继续审议，而在此之后的几分钟内，陪审团就以 10∶2 的大多数一致裁决被告有罪成立，则法官的这一行为也会被认为是给陪审团施加了不正当压力。正确的做法是，法官应当先把陪审团召集回到法庭，再询问有关达成裁决的预期，例如 *R. v. Wharton*［1990］案件和 *R. v. Duggan*［1992］案件的做法。

陪审团不能达成裁决有可能引起案件新一轮的审判，而第二轮审判不仅会造成额外的财政花费，而且会给证人带来不便。因此，虽然不能对那些意见不一的陪审员施加不当压力以使他们改变自己的看法，但为了能够鼓励他们多听听同伴的意见，实践中，法官一直在使用一种司法指示。在 *R. v. Walhein*［1952］一案中，法官的司法指引得到大法官戈达德的首次认可（当时还没有引入大多数一致裁决）。也就是所谓的"Walhein 司法指示"，由两个要素组成：第一，法官可以告知陪审员，虽然每个人一直要谨记应当遵守陪审员誓言，即坚持依据证据做出真实的判决，但是为了达成共同裁决，陪审员之间有必要互相交换意见，且少数人的意见有必要服从大多数；第二，法官可以告知陪审员，一个或几个陪审员不愿意听从其他人的建议可能会引起的不便和花费。通常来说，陪审团在接到法官的这项司法指示之后，都不希望陪审团陷入僵局而无法达成裁决，决定性因素可能是担心浪费纳税人钱财。但是，自从 1967 年引入大多数一致裁决之后，大大减少了由于极个别顽固的或不理智的陪审员坚持己见而使用 Walhein 司法指示的必要性。于是，上诉法

---

❶　关于 *R. v. McKenna*［1960］一案，有两点需要注意：第一，此案发生时，法律还不允许采用大多数一致裁决。现在，如果审判法官认为，陪审团在做出决定上花了太长的时间，则只需给陪审团至少两个小时的审议时间，审判法官就可以接受大多数一致裁定；第二，在 1994 年之前，一旦陪审团无法达成裁决，陪审团是不允许各自分开的。但是，陪审团在一个宾馆过夜已经变成通常的规则，而不是被关在陪审室。详见第六章之第一节保障审议的规则。

院开始担忧 Walhein 司法指示的恰当性，并最终在 *R. v. Watson* ［1988］一案中，由 5 名法官组成合议庭对此进行了审查，且由首席大法官做出了一个新的司法指示，即 Watson 司法指示，以代替原来的 Walhein 司法指示。❶ Watson 司法指示的主要内容如下：

（1）原来的 Walhein 司法指示之所以能够向陪审团施加不适当的压力从而达成裁决，主要是因为担心因为无法达成裁决而产生的后果。（2）法官最好能够采用下列形式对陪审团进行指引："你们中的每一位陪审员，都已经宣誓要按照证据做出裁决。没有人可以背弃誓言，这不仅是个人的义务，也是陪审团集体共同的义务，这就是陪审团制度的力量所在。坐在陪审席中的每位陪审员都拥有自己独特的生活经历和智慧，你们的任务就是去发挥和运用这些经历和智慧。你们应当各抒己见，并有必要在誓言允许的范围内进行讨论，做出裁决。但万一你们（其中 10 人）无法达成裁决，你们一定也会觉得很遗憾。"（3）通常来说，没有必要进行这种 Watson 司法指示，但至于到底是否进行这种司法指示，则是法官的事务；同样地，何时进行这种司法指示，即到底是在大多数一致裁决司法指示的之前，还是之后，也是法官的事务。对于这一点，详言之，在大多数一致司法指示之前进行这种 Watson 司法指示是比较合适的，因为那时陪审团可以充分领会和发挥这种司法指示的效果，并意识到当陪审团意见分歧时，除非他们中的某些人打算改变主意，否则是不可能达成大多数一致裁决的。但大多数情况下，法官会选择在大多数一致司法指示之后才考虑进行这种 Watson 司法指示，因为那时陪审团已经被给予充分的时间以考虑做出大多数一致裁决。但至少来说，不应当在进行大多数一致裁决司法指示的同时进行这种 Watson 司法指示，如 *R. v. Buono* ［1992］一案。需要强调的是，即使上诉法院已经限制和缩小了范围，这种 Watson 司法指示也是不常见的，因为绝大多数情况下，如果很明显陪审团连大多数一致裁决都无法达成时，审判法官会选择直接解散该陪审团。

三、接受陪审团裁决

一般来说，无论对陪审团裁决有多不满，法官都无权拒绝接受陪审团裁

---

❶ 在 *R. v. Watson* ［1998］一案中，拉内法官（Lord Lane CJ）说道，陪审团必须不受到任何压力而自由裁量，不管是通过承诺还是压力或者任何其他形式。陪审团不可以感觉到，他们必须要基于自己不真实的观点而达成裁决，否则就可能是对控方、辩方、受害人或者一般公众的无聊浪费。

决，而且，法官也不能询问陪审团任何有关于裁决的问题。例如，*R. v. Larkin*
［1943］一案，一旦陪审团做出了裁决，陪审团将被解散。如果所有控罪均被
裁定为无罪，则被告人会被立即释放。但如果被告人有任何一项控罪被裁定
为有罪，则法官要么立刻给予量刑裁定，要么暂时休庭之后再给予量刑裁定。
这期间被告人可能会被给予保释，也可能会被关押以等待量刑。如果陪审团
一不小心把裁决宣读错了，则陪审团应当在其被解散之前意识到这一问题，
法官会指示陪审团以纠正裁决，例如，上诉法院在 *R. v. Andrews*［1986］一案
中强调说，陪审团在宣读完第一个裁决之后，只要有接触到会促使陪审团改
变裁决的事情的可能性，就不能允许陪审团对裁决进行纠正。

下列情况下，法官可以不接受陪审团的裁决：

（1）当陪审团无权拒绝法官关于让他们重新考虑裁决的要求时。例如，
如果陪审团打算对一项未被列入起诉书中的控罪裁决为有罪，即该罪名不在
《1967 年刑法》（*Criminal Law Act*, *1967*）关于可替换裁决的条款范围内。

（2）如果对于某项控罪的裁决是含糊不清的，法官不但不能接受该裁决，
而且应当询问陪审团以解决这一含糊问题。如果有必要，可以对陪审团做出
进一步的司法指示。通常而言，裁决都是明确清晰的（对于某项控罪要么有
罪、要么无罪，再或者是对于另一项控罪有罪或无罪），但有时也会出现一些
不知陪审团决定到底为何的裁决。在 *R. v. Hawkes*［1931］一案中，当被问及
对于醉酒驾驶这一控罪的裁决时，陪审团主席回答为"有罪"，但紧接着又补
充说道"我们认为，被告人对于在喝酒的状态下开车这一行为是有罪的"，这
句话明显导致对于原始裁决的核心组成要素的含混不清，因为这就意味着，
虽然陪审团对于被告人饮酒这一行为是确认的，但是对于被告人是否过量饮
酒以至于达到不适宜开车的程度是不确认的。由于法官没有采取进一步措施
以消除这一歧义，因此该有罪裁决被上诉法院撤销。

（3）如果根据审判所出示的证据而做出的某项裁决与陪审团在同一案件
审判中所已经做出的另一项裁决相抵触，法官可以要求陪审团重新考虑这项
裁决，但即使这些裁决之间无法调节达成妥协，法官能做的也只有如此。虽
然裁决之间不一致，但如果有可能，对于陪审团非常确认的那部分证据观点
所做出的裁决，法官应当予以接受。在 *R. v. Burrows*［1970］一案中，陪审团
对于一项共同盗窃钱包控罪，审理了三名共同被告人，并对于其中一名被告

人的控制掌握钱包这其中一项控罪已经确认为有罪成立。但陪审团最终裁决，这三名共同被告人全部无罪。法官认为，这明显与之前对于控制掌握钱包这一项控罪的裁决不相符。法官询问陪审团，既然陪审团认为这三名被告没有偷盗钱包，那又如何确认其中一名被告人的掌握控制钱包行为是有罪成立。但上诉法院认为，这些裁决之间并不是相互矛盾的，因为陪审团可能确认了其中一名被告人已经偷了钱包，但却不能裁决这三名被告人的偷盗行为。

如果通过法官进一步的司法指示，陪审团改变了原先的裁决，但之后做出的裁决与原先的裁决刚好相反，则法官可能倾向于拒绝接受原先的裁决。但如果法官经过努力，陪审团依然坚持原先的裁决，而且这一裁决很有可能被上诉法院推翻，那么法官也只能接受这一裁决。

第二节 陪审团裁决的无因性

陪审团不需要，也不被允许，就裁决的原因进行解释。在刑事案件中，陪审团只是简单地给出"有罪"或者"无罪"。在民事案件中，陪审团决定支持原告还是被告。如果支持原告，需要决定相应的损害赔偿数额。如同一位美国陪审制度研究者所言："由于要遵守裁决无因性这一法律严格规定，因此一些很复杂和难以处理的纠纷，似乎很容易地就被陪审团所解决了。"但实际上，谁也无法保证陪审团所处理的案件都是基于适当的证据，或者说是根据法官所给出的相关司法和证据原则而做出了裁决。即便如此，陪审团不解释裁决原因这一行为也是具有正当性的，因为如果要求由 12 个人组成的团体就所做出的裁决进行一大堆原因的解释，在实践中是很困难的。尤其需要牢记的是，陪审团共同做决定的过程，并不同于专业律师有理有据的逻辑判断。更重要的是，要陪审团做出原因解释的要求，与陪审团在具体案件中抛开严格法律文件以实现司法公正的自由即陪审团衡平，是相背离的。❶

欧洲人权法院认为，根据《欧洲人权公约》第 6 条，陪审团就其裁决进行原因解释，对于被告人有权获得公平审判权利尤为重要，因此，陪审团裁

---

❶ Mike McConville and Geoffrey Wilson, *The Handbook of The Criminal Justice Process* (Oxford: Oxford University Press, 2002), pp397-398.

决的不可预测性是与欧洲人权公约相冲突的。对于这个问题，大法官奥德认为，基于多种原因，如果考虑到英国陪审制度的整体运作方式，就不会认为陪审团的无因裁决是违反第6条的。具体理由如下：（1）欧洲人权法院案例法中，关于获得公正审判要求的内容，是不准确的；（2）考虑到各国法律传统的不同，关于给出裁决原因的一般义务，并不需要十分详尽的解释回答；（3）欧洲人权法院案例法并没有要求各国法院解释采纳的证据内容及原因；（4）欧洲人权法院已经做出规定，即丹麦陪审团公开做出的不解释原因的裁决并不违反人权法；（5）在 *Condron v. United Kingdom*［2000］一案中，欧洲人权法院认为，上诉人在陪审团面前保持沉默，这一行为并不违反公正审判的要求。因此这表明，欧洲人权法院已经准备接受陪审团裁决，因为法官最后的总结陈述已经对裁决的原因做出明确的解释；（6）为了确保审判的公正性，欧洲人权法院在对审判过程和上诉过程一并进行审查后，如果依然认为该有罪裁决是背离于证据的，则英国上诉法院可以在有限能力范围内撤销该有罪判决；（7）关于何为裁决原因或者动议，整个欧洲并没有达成一般的共识，例如在法国，仅仅是指法院所运用的司法原则的解释。

再如，从 *Taxquet v. Belgium*（ECHR2010）案可以看出，在刑法中存有一些刑事犯罪，特别是将主犯和共谋犯同时视为有罪的这种模糊方式，应当受到司法审查。Taxquet 向欧洲人权法院提出上诉，理由是违反《欧洲人权公约》第6条，因为陪审团没有对所作裁定给出理由。当时，审判法官只是要求陪审员回答，Taxquet 作为谋杀行为人、帮助者或者煽动者，是否有罪，是不是有预谋的，而 Taxquet 作为未遂杀人犯的行为人、帮助者或煽动者，是否有罪，是不是有预谋的。欧洲人权法院一致认为，虽然人权法案并没有要求陪审团对其所作裁决给出原因，但是，被告人和公众是一定能够理解陪审团的裁决的。对此，法律上有充分的保障，例如，陪审团的裁决是在庭长的指引以及准确而不含糊的问题的基础之上形成的，法官的司法指引为陪审团审判的公正性提供了充分的保障。

尽管如此，大法官奥德仍然认为，陪审团无因裁决的问题确实给上诉造成了困难，并且相较于其他刑事法庭而言，这是违反常规的，因为根据《欧洲人权公约》第6条，治安法官和治安法院的地区法官都被要求对其裁定给出理由。有因裁定是指告诉双方当事人其输或者赢的原因，比起无因裁决，根据证据所做出有因裁决可能更为合理。而且，裁决原因的公开，更能提高公众对于陪审团审判制度的信心。因此，在某些案件的陪审团审判中，法院已经在极力强调法官就某些事项应当给予高度关注和指示的必要性，例如，由被告人保持沉默所进行的推论，即使无法要求陪审团就其所做的裁决给出原因解释，但是至少已经表明，在陪审团裁决无因性这一方面，应吸收合理建议而做出一些必要的改变。为了实现这一目标，大法官奥德在法律评论中提出了一些深远的改革建议，以有助于陪审团就其所做的决定部分地进行原因解释，例如，审判法官可以为陪审团罗列一系列书面问题（经过法官和控辩双方所同意的问题），通过回答这些问题，能够很有逻辑性地得出有罪或者无罪的裁决。再如，在某些案件中，法官可以要求陪审团公开回答一些问题，并宣布与这些回答相一致的裁决。但如果陪审员被问及原因，那么法官就必须告知陪审团，面对定罪的证据，陪审团有权做出无罪开释，也就是行使陪审团衡平。法官可以给予陪审团一系列书面的实际问题，从而引导他们富有逻辑性地做出有罪或者无罪判决。有趣的是，这种方法已经为某些大陆法系国家在移植陪审团审判制度时所采用，例如西班牙，可以额外要求陪审团就其所做出的裁决进行"简洁的原因解释"，也就是裁决所基于的证据，以及某些需要证明部分的原因。❶英国上诉法院在1999年2月做出了一项决定，开创了普通规则的例外，亦即，对于过失杀人罪的有罪判决的理由可能是好多个，因而法官可以要求陪审团对于他们所做出的裁决说明理由。这种问询的目的是帮助法官考虑量刑。大法官罗斯说："总而言之，法官可以递给陪审团一些书面的问题，从而确认在故意杀人罪和过失杀人罪之间不同可能性的裁决，并且也对于过失杀人罪给予一些原因的解释。"相应地，陪审团在对过失杀人罪做出有罪判决后，法官可能要求陪审团对于其所做出的判决给予理由上的解释。法官也可以在总结概述中，就其打算问询陪审团的问题而向陪审团发出警告。但是，陪审团对此没有必须回答的义务。而且，关于裁决的原因，也并不要求陪审团全体一致同意。

❶ S. C. Thaman, Europe's New Jury Systems: The Case of Spain and Russia, in N. Vidmar (ed.), World Jury Systems (Oxford: OUP, 2000), pp338-347; Mike McConville and Geoffrey Wilson, *The Handbook of The Criminal Justice Process* (Oxford: Oxford University Press, 2002), pp397-398.

第三节 陪审团衡平

尽管关于被告人的有罪证据是确实充分的，但是，如果适用当下的法律会造成不公正裁决，那么，陪审团在具体案件中拥有拒绝适用严苛法律的自由。因此，如果陪审员做出了一个违反常情的、与法官指引相反的无罪开释，则陪审员不能遭受惩罚。这种不顾法律而秉持自己的意识自由，在英国被称为"陪审团衡平"，而在美国被称为"陪审团否弃权"，坚实地奠定了陪审团相对于司法权的独立地位。实际上，英格兰一直都有陪审团否弃法律的传统，许多轻罪案件的死刑废除，就是借由陪审团拒绝给予有罪判决来实现的。在英格兰及威尔士地区，有许多关于陪审团衡平的例子，如 *R. v. Bushell*'s［1670］一案（在这一案件中，陪审团衡平得到了确立），当时两名贵格会信徒被控骚乱集会，陪审团被命令做出有罪判决，最后却相反地做出了"无罪"裁决。法官因此把陪审团关进了监狱，直到他们缴纳罚款以作为替代性惩罚方式。但在上诉中，法院最终认定，罚款和监禁是不被允许的。

当今也有许多例证，例如，对于被告人用大麻来救助某些如多发性硬化症等疾病的案件，陪审团做出了许多无罪开释。再如 *R. v. Wang*［2005］一案，上诉法院确认，在任何情况下，法官都不能指引陪审团做出有罪判决，即使案件中举证责任倒置给被告人，法官也不能够这么做，陪审团有做出在审判法官看来是违反常理的无罪开释的自由。再如 *R v. Clive Ponting*［1985］一案，公务员 Clive 于 1985 年因涉嫌违反国家秘密法而被控泄露国家秘密文件罪，被告人 Clive 承认确实经手过这些文件，但抗辩说相较于遵守国家保密法的职责而言，自己的公共职责更为重要，虽然陪审团一直被期待做出有罪判决，但最终做出了"无罪"裁定。还有一个例子是发生在 2009 年 3 月的 Kenneth Batchelor 案件，被告人被控谋杀了一名小偷。当时，被告人 Batchelor 接到了被害人 Clements 的威胁电话，要求给付抚养费，原因是他的女朋友之前曾与被告人的哥哥生养了三个孩子。不久后，被害人就来到了被告人的家，由于当时被害人已经爬上了被告人房屋的脚手架，并企图强行推开楼上的窗户。于是，被告人 Batchelor 近距离枪杀了被害人。本案中，关于被告人谋杀的证据是确实充分的，但是，还有一项证据是关于被害人脾气暴躁且执着于向被告人要钱。在经过一个小时的审议后，陪审团最终衡平，给出了无罪开释的判决，这不仅符合公众的期望，而且得到了媒体的支持赞扬。

但是这种情况，在美国的许多州是不可能发生的。这是因为，美国对于陪审团所能够决定的事实和法律已提前做出了规定，而且州与州之间的法律也多有不同。在某些州，陪审团被告知，可以行使否弃法律权；但在另一些州，陪审团却无此权；甚至有些州，对此规定得并不明确，模棱两可。

一、陪审团衡平对裁决质量的影响

关于陪审团在具体案件中适用衡平的动机，可能是为了表达对于某种法律的不满，也可能是为了拒绝在某一案件中适用某种法律。相较而言，陪审团故意地想要背弃法律而适用衡平的案例是很少见的。但无论如何，陪审团衡平的使用，确实是影响陪审团裁决质量的重要因素之一。霍洛维茨在美国俄亥俄州进行了一项研究，候补陪审员（即虽被召集到法院等候，但没有被最后抽签进入陪审团进行审判的陪审员）在听完一场审判的录音后，被分为三个不同的小组，法官指示，第一组使用俄亥俄州的审判标准，第二组使用马里兰州的陪审团否弃标准，第三组使用完全的陪审团否弃权标准。研究显示，第一组陪审团和第二组陪审团反应基本相同，但是第三组即使用完全的陪审团否弃权标准，更倾向于对安乐死案件的被告人给予无罪判决，而对酒后驾驶的被告人给予有罪判决，但对谋杀案件的被告人所做的判决并没有什么区别。此外，第三组陪审员审查证据所用时间相对较少，而将较多的时间用在讨论诸如陪审团否弃权等其他问题上。由此看来，如果在裁决做出之后再告知陪审团有权改变法律，则裁决结果可能会发生变化。❶对此，莎莉·劳埃德·博斯托克和谢丽尔·托马斯却持不同的观点，认为陪审团之所以做出否定法律的裁决，很可能不是因为使用了否弃权，而是由于陪审团自身陷入了混乱、无能或者偏见。萨克斯补充说，虽然对于陪审团否弃法律应当给予相当的重视，但依照他的观点来看，陪审团自身其实并不能够理解法官所做出的指示，亦即，到底何为否弃权，

---

❶ I. A. Horowitz, The Effect of Jury Nullification Instruction on Verdicts and Jury Functioning in Criminal Trials, 9 *Law and Human Behavior*, 1985, pp25-36.

或者说，何为否定法律的真正意义。

相较于专业的律师，即经过特殊训练从而能够关注案件证据是否与法律事项相匹配，陪审团看待案件的角度可能更加多维一些。因此，司法之外的因素，诸如对被告人某一遭遇的同情，或者对被告人犯罪动机的理解，很可能对陪审团的裁判产生重要的影响。当然，如果陪审团在案件中有时考虑了严格适用法律之外的因素，也并不必然就有利于被告人。已经有研究证实，虽然不是很典型，但确实有一小部分案例是陪审团在某些情形下，裁决被告人有罪成立。但是无论如何，同情和偏见都是陪审团审判的最大危险所在。美国著名的出庭律师克拉伦斯·达罗说，陪审团对于所喜欢的被告人很少给予有罪判决，而对于不喜欢的被告人则很少给予无罪判决。这是因为，陪审团作为从公民中随机挑选出的团体，很可能将之前各自的生活经历，以及基于种族、性别、言语表达和外貌等因素所产生的偏见带入法庭。因此，出庭律师的主要工作就是促使陪审团喜欢他的当事人或者至少能对其产生同情，而关乎于犯罪本身的事实则相对不是那么重要。至于那种认为陪审团会比法官更加仁慈的说法，克拉伦斯·达罗则是完全不赞同。

接下来的问题是，陪审团的这种同情，到底能在多大程度上影响到最后的裁决？卡普兰和米勒研究发现，如果增加了证据力度，偏见因素就会随之降低。而且陪审团在审议过程中可能因为其他证据而偏离了主要证据，或者陷入偏见而无法自拔。甚至当证据不确定时，陪审团会感觉到自由。这就是所谓的"解放假设"。但是，迈尔斯研究认为，对于不同的证据类型，陪审团所给予的关注力度也会不同。而且，陪审团的自由仅限于案件范围之内，并没有脱离法官的司法指示，尤其是在严重犯罪、青少年受害人，或者有工作的被告人案件中最为典型。此外，那种容易接受额外司法审查的陪审员，也被称为"官方陪审员"，具有保守、严格的特点。许多出庭律师认为，这种陪审员通常在审判初期就早早地定了结论，不易改变，且通常做出有罪判决的概率很大。但是，布雷和诺布尔使用280名心理学系学生进行试验却发现，越是具有那种"官方陪审员"特点的参试者，就越有可能做出有罪判决。但是，当给予其适时的引导时，他们会全力进行证据的审议。因此，比起那些"官方性"比较低的陪审员来说，他们更容易改变自己的观点。

二、陪审团衡平的正当性

对于陪审团衡平，有人赞成，有人反对，历来争议很大。大法官奥德曾有一段话，最富争议："法律应当宣布，如果需要的话还应制定为成文法，即陪审团没有权利藐视法律，或者不顾及证据，而做出无罪开释的判决。并且，法官和律师也应当据此处理刑事案件。"依照他的观点，陪审团藐视法律或者不顾及他们的誓言而做出无罪开释的这种行为，是对司法程序和刑事司法制度的根本目的（控制犯罪）的公然侮辱。陪审团的作用是调查事实真相，并将法律应用到这些事实中，以决定被告人的有罪与否，而不是要替代议会，去评价法律的适当性或者决定法律的执行力，更不可能基于不合理的、秘密的并且是站不住脚的理由，去做出否定法律的裁决。具体分析如下。

（1）反对派

在陪审团衡平反对派中，最富盛名的就是彭妮·达比希尔，其曾在文章《陪审团真的如同照亮自由之明灯吗?》中，对陪审团衡平的不公平和不合理进行了极富针对性的精彩抨击，并提出："大胆地试想一下，如果没有陪审团来代表我们奋力对抗国家，当陪审团被废除或者减少陪审团的审判范围时，难道我们就无法享有公民自由了吗? 因此，对于陪审团，我们必须重新进行审视。"文章大致内容如下❶：

第一，陪审团衡平有助于对抗国家强权。亦即，在"国家诉讼"案件中，对于受到不公正控诉的被告人，陪审团将给予无罪开释。但是，威廉和考尼什援引了许多陪审团有罪判决，例如"温彻斯特三人""吉尔福德四人"和"伯明翰六人"等案例，对上述观点进行了驳斥，亦即，在过去的几年里，为了平息英国公众的愤怒和担忧，形成一种控制犯罪的氛围，警察过分追求有罪判决率，对于本应在审前阶段提供给被告人的正当程序保障也越发忽视，甚至不惜伪造证据和采纳虚假供述，于是造成了许多错误的有罪判决。对于这些错误的有罪判决，陪审团当然不应受到谴责。但是，对于审前阶段正当程序的缺失，陪审团却无法进行补救，也无法为被告伸张正义，更无法抵抗国家的错误行为。可见，作为"照亮自由之明灯"的陪审团，似乎并不能够

---

❶ Penny Darbyshire, The Lamp that Shows that Freedom Lives - is It Worth the Candle?, *Criminal Courts Review*, 1991, pp747-751.

为这些被告人提供光亮和希望。

第二，陪审团衡平有助于抵制不公平的法律或错误的起诉。亦即，在普通诉讼中，对于那些可能是受到不公正控诉，或者所适用的法律已是不合时宜，或者应当给予同情的被告人，陪审团可以给予无罪开释。拿这个理由来护卫陪审团正当性的学者，经常会以陪审团修正法律和保护被告人为例子，但是，他们却忽视且轻看了这一事实，即陪审团衡平是一把双刃剑，有可能放纵犯罪。例如弗里曼曾引用过一个案例，被告人身为热狗销售员，因为受到非法的挑衅而做出了伤害行为。也许是恰好碰到了富有同情心的陪审团，最后被判无罪。因为陪审团认为，当受到挑衅时，应当可以使用正当防卫，而不应只有在被逼至绝境且受到死亡威胁的情况下，因此，被告人应当得到公众的支持。但达比希尔对此提出了两点异议：第一，在缺乏详尽论述的情况下，我们怎么会知道陪审团无罪开释的原因，到底是基于同情，还是其他的一些外来原因？第二，这一观点忽视了，允许陪审团修订法律，也有可能造成错误的有罪判决。

鲍尔温和麦康维尔认为，这种对于陪审团衡平的浪漫主义观念是没有根据的，意外裁定的发生显然是出于偶然，例如，曾有无数的陪审员表示，他们做出无罪开释或者有罪判决，有时是出于各种其他的外来原因，而不是因为秉持自己头脑中的公正观念，或者衡平法而修订法律；他们在陪审室中处于封闭的环境压力之下，采用的是"排除一切合理怀疑"的高度证明标准，而不是退而求其次的"最大盖然性的优势证明标准"。陪审员们有时甚至会基于对法庭审判的其他参加者，特别是对于律师和证人的好感或者同情，来做出决定。对此，达比希尔深表赞同，并讲述了一个亲身经历：我曾带领一年级法律系学生去法院旁听，且要求他们做出专题报告而不是只列出纲要。对于同一案件，不同的小组因为对内容和结果有着各自不同的喜好而做出了不同的意见。当时旁听的案件是，一名商店营业员被控从雇主处偷了20件衣服，被告人没有否认以下事实，亦即，她确实撕去了衣物上的标签且装入一个袋子并将其藏在柜橱中，之后带回了家，且出国度假两周。被告人的辩护理由是，自己将袋子带回家纯属意外且本打算为这些衣物付款的，当她发现犯错误时，感到十分惊慌，于是去了境外休假。旁听的学生们认为，辩方律师的表现"非常棒"，且记录下其催人泪下的辩护词；相反，控方律师的表现却是相当"软弱无能",简直就是"一塌糊涂"。最终,被告人被陪审团给予无罪开释。非常幸运的是,在之后的一周,我在路上遇见了其中一名陪审员,当我问及陪审团为什么做出无罪开释的决定时,这名陪审员回答说,最主要的原因是控方律师,不仅让陪审团不敢恭维,甚至连法官都不得不让陪审团暂时退席,从而对控方律师进行一番斥责(事实上,法官中途确实要求陪审团退席,以引导审判进入证据采纳阶段)。之后,这名陪审员继续评价辩方律师,如给其留下的深刻印象,以及自己从中学到了些什么。显然,对于陪审团的上述行为,即使是最忠实的陪审团支持者,恐怕都很难给予合理的解释。

第三,陪审团是依据自己的衡平观念来修订法律。亦即,司法过程中可能出现违反法律或者需要使用衡平法的情形,因此,需要陪审团借由改变事实的认定,来修正僵化而严厉的法律。持这种观点的学者,经常会以前面热狗销售员的案例来阐释陪审团在修订法律方面的贡献。然而,陪审团与修订法律之间有什么关系?例如,韦伯认为,在一个合理的司法制度中,陪审团并不适合使用衡平法,陪审团是一种反民主的、无理性的、任意妄为的立法者,且陪审团的决定也是不稳定和秘密性的,这些与法律规则刚好相冲突。对此,达比希尔补充道,民众已经选举产生了下议院,并挑选了上议院来修订法律。正如达夫和芬德利所言,陪审团并不像是小国会,刚好相反,陪审团对其所做出的决定不需给予任何解释,且不接受外界质疑,陪审团的组成本身就是非理性的,那么相对于要承担修订僵化的法律的工作来说,陪审团就是一个相当粗糙的装置。

(2)赞同派

在陪审团衡平赞同派中,以迈克尔·赞德最为著名,其曾在《英国司法制度案例与文献》一书中,对大法官奥德的观点进行了充分的驳斥。文章内容大致如下❶:

反对陪审团衡平制的学者们,一直在抨击陪审团在具体案件中所拥有的拒绝适用严苛法律的权力。他们认为,陪审团是反民主、非理性、随意的司法者,使用的是非法律性质的思考方式,所做出的裁决是与法律规定相违背的。这种面对有罪证据确实充分,却硬是要拒绝裁定被告人有罪成立的做法,

---

❶ Michael Zander, *Cases and Materials on the English Legal System* (10th, edn., New York: Cambridge University Press, 2007), pp527-528.

极端地说，就是对法律强制执行力的严重践踏。因此，陪审团衡平制理应从现代刑事司法制度中予以废除。但是，迈克尔·赞德认为，这种观点是对陪审团功能的严重误解，是完全不可接受的。陪审团拥有的藐视法律或者证据，而做出不合常理判决的权力，是抵制不公正法律中难以忍受的控诉或者严酷刑罚的非常重要的保障。在之前的几个世纪，陪审团公然地否决法律，从而将被告人从恐吓中挽救出来，在现今时代，这种权力仍然应当得到继续的使用。虽然，有时得到的是公众的欢呼称赞，有时是公众的厌恶谴责，而绝大多数情况下，这些都是人们的主观臆断。

汤普森在提到陪审团的作用时，曾有一段极有说服力的话："英国普通法是法律和人民之间的一种妥协，陪审团是人民走进法庭的一种方式，法官注视着陪审团，而陪审团注视着被告人；陪审团也是一个讨价还价的地方，陪审团参与司法，影响的不仅仅是被告人，也包括对司法和人权。"汤普森的这一观点在英国法律界具有主导性地位，甚至可以说，是英国的不成文宪法。另外，迈克尔·赞德认为，大法官奥德的观点（即将陪审团藐视法律和誓言而对被告人做出的有罪或者无罪判决，看成是一种对于司法程序和刑事司法主要目的即控制犯罪的公然的侮辱），反映了对于陪审团的不信任，这是一种忽视历史的官方态度，且是对刑事司法系统的适当衡平性的极大误解。大法官罗宾在报告的序言部分中说道："相较于个人有罪判决的正确性，刑事司法制度的正直和公正性是更高的目标，但是，陪审团对于司法公正和制度完备性而言，实在是太重要了，因此，不能够单独仅委信于法官。"而且，伦西曼皇家委员会用了很简短的一个段落，阐述了这一议题："虽然陪审团负有根据证据做出裁决的庄严责任，但是他们有时却违背常理地做出了相悖于证据的裁决，对此，目前关于陪审团审议的研究，还都没有办法很有自信地阐释出陪审团衡平的原因，或许可能是因为陪审团对于起诉或者法律所即将给出的刑罚持有反对的观点，尽管如此，我们并不认为这些案例可以证明对无罪开释的上诉权是合理正当的。"

至于达比希尔，虽然其曾在1991年对陪审团衡平的不公平和不合理进行了抨击，所用的原因如同大法官奥德十年之后所用的一样，达比希尔最终却得出结论，禁止陪审团衡平其实是没有意义的。这是因为，英国人和美国人对陪审团制度大加赞赏的原因，恰恰是在于陪审团否定法律的能力，陪审团作为法官权力的监督者，以及抵制不公平和对抗难以忍受控诉的捍卫者，做出有罪或无罪的裁决所依据的，是一种司法公正的感觉，而不是通过将已知的法律运用到已被证明是排除合理怀疑事实的方式。正如卡尔文和蔡塞尔在《美国陪审团》中所言："陪审团在增强司法制度的自由裁量、衡平公正及弹性上，是卓有成效的，而且，陪审团还减轻了法官创造先例的压力，从而在不必违反法律的前提下改变了法律。无论你是否像我们一样颂扬陪审制，你都不得不承认，陪审团是解决法律、衡平及无政府状态之间矛盾的绝妙方法。"而且，公平地说，陪审团衡平在现代英国所引起的争议，远不及其在例如美国等其他国家来得严重。因此，英国关于陪审团制度的争议，更多是集中在对于陪审团裁决质量的讨论上。

综上，英国陪审团衡平制度，是告知陪审团必须要依照法律和证据来决定案件，但是，如果陪审团坚持认为是正确的，则也允许陪审团忽视一方或者双方，做出否定法律的裁决。这样的一种制度已经运作了几百年，若仅是为了预防陪审团达成与证据相反的裁决就要去改变它，还没有可以令人信服的理由，那大可不必，因为，毕竟这只是偶尔才会发生的。

第四节　陪审团裁决的质量

在英格兰及威尔士地区，虽然经过陪审团裁决的刑事案件不超过全部刑事案件的1%，但是，这些刑事案件的被告人一般是被控有极其严重的刑事犯罪，且极有可能面临自由刑罚的人，因此，陪审团所做裁决的公正性，也成为整个刑事司法制度的根基。虽然民意调查不断表明，公众依然强烈支持陪审团审判，但是，由于陪审团对其所作裁决不必进行原因解释，且所做出的某些裁决似乎又明显与证据不相符，例如陪审团衡平。因此，对陪审团裁决质量进行检测，就显得尤为必要。那么，究竟有哪些方法可以对陪审团裁决的质量进行检测？

一、研究方法

要想研究陪审团裁决质量，最明确的方法是直接就审议事项对陪审员进行采访，然而英格兰却有严厉的法律规则予以禁止，亦即，《1981年藐视法庭法》第8（1）条（*Contempt of Court Act*, *1981*）规定，在任何司法程序中（无论是刑事案件还是民事案件），获得、泄露或者请求陪审团在审议过程中陪审员所陈述和表达的观点、之前的争论、投票计算的细节，都是犯罪行为。之所以如此规定，是因为一旦将某一裁决的审议过程对外公开，可能会导致整个陪审团制度陷入混乱，不仅可能引起一股对其他案件审议要求公开的潮流，还可能阻碍陪审员在审议过程中的参与和讨论。而且，对陪审团讨论细节的泄露，可能导致陪审员个人身份的暴露。甚至，如果让公众知晓了陪审室中的实际情况，很可能损害人们对于陪审团制度的信任并动摇其存在的根基。因此，适当控制对陪审团裁决的研究，确实在某些程度上有助于增强公众对陪审团制度的信心。但反之，由于这方面研究的缺乏，也使得公众对于个别案件中陪审员奇闻异事的关注程度远超于人们对于陪审团制度本身的讨论。因此，皇家刑事司法委员会早在1993年就提出，应修订《1981年藐视法庭法》第8条，以允许陪审团就裁决原因进行解释。而且相关研究也已经证实，陪审员本身是乐意分享审议经历的。但大法官奥德对此持反对意见。宪法事务部在2005年1月发表了一篇咨商性论文《陪审团研究与侵犯》，论及的是关于是否应当允许研究者进入陪审室进行观察旁听。但是，对这个问题的讨论是完全没有意义的，因为国会不可能允许这一法律的修订。这篇论文也论及了是否应当允许针对陪审团审议的研究，可能通过询问陪审员一些问题即可，当然只是在他们完成陪审团服务之后。但在大部分的司法制度中，是不允许询问陪审员的。

　　由于长期以来缺乏实证主义相关证据，英国的学者只能转向研究其他国家的陪审制度，进而得出关于陪审团裁决的研究结论。关于陪审团的大部分研究是在美国进行的，而且大部分研究所关注的是有关种族和陪审团的议题，例如白人陪审员对于有色人种被告人带有歧视。但需要注意的是，当这种研究发展出有价值的方法论时，对于美国陪审团与英国陪审团的不同之处需要进行更加谨慎的分析，才能得出研究结论。❶

　　除了直接询问陪审员，还有另外两种分析陪审团裁决质量的方法，而且，大部分关于陪审团审议和做出决定的研究，也正是通过这两种方法进

---

❶ Cheryl Thomas, Are juries fair?, *Ministry of Justice Research Series* 1/10, February 2010.

行的：一种方法是采访审判的其他参加者，如法官、控方律师和辩方律师，询问他们是否同意陪审团所做裁决。另一种方法是采用影子陪审团，即在真正的陪审团进行审判的同一时间，组织另一模拟陪审团进行证据听审，在旁观察其审议过程；或者采用模拟陪审团，即组织陪审团就一个模拟的案件进行听审。

当然，英格兰还有其他的一些研究方法，此处虽不再详加罗列，但这些方法却有一些共同价值，那就是有助于对陪审团制度的理解。主要有：真实的陪审团研究，将法庭实践中陪审团制度的具体操作最完整和真实地呈现出来；而模拟的陪审团研究，则有助于对陪审团审议的行为模式和方式方法进行分析和理解。然而，每种研究都有其局限性：首先，由于陪审团制度的基本原理是让非法律职业者参与到刑事司法中，因此，真实的陪审团研究，似乎太过重视法律职业者对于陪审团裁决的看法。虽然法律职业者和外行人士的观点分歧很大，但依然是极富价值的，因为至少这些分歧可以反映出二者在做裁决时不同的方式和方法。其次，模拟的陪审团研究也有其研究缺陷。原因是，作为被付费的学生，模拟陪审员们通常无法反映出真正陪审团的组成，他们是志愿者而不是像真正的陪审员那样是应召的。而且，他们通常是坐在三个小时的视频面前，而不是一个持续了两天的审判。更重要的是，他们没有办法将真实的陪审团所承受的压力表现出来，因为他们的裁决不会影响到真实受害者，以及真实被告人的名誉和自由。这在一定程度上，确实很大地影响了研究的真实可靠性。尽管如此，由于法律明确禁止研究者参加陪审团审议，而且如果有研究者参加，必定会影响到陪审团的审议，因此，这些研究方法依然是弥足珍贵。但是，在美国的一些州中，法律已经允许研究者聆听陪审团审议的音频。❶

二、代表性研究

在对评价陪审团裁决质量所使用的方法进行分析的基础上，以下重点介绍三个关于陪审团裁决质量品评的代表性研究成果。

---

❶ Mike McConville and Geoffrey Wilson, *The Handbook of The Criminal Justice Process* (Oxford：Oxford University Press, 2002), pp399-400.

（1）早期芝加哥研究计划❶

芝加哥研究计划（the Chicago Law School project）是早期关于陪审团研究的著名项目，由芝加哥大学哈里·卡尔文教授和汉斯·蔡塞尔主持，并出版了《美国陪审团》一书。这项工作是根据法官的回忆和看法所进行的，依据了 3 576 个真实的刑事审判以及 555 份从审判法官那里所取得的问卷调查，内容是关于法官对于陪审团裁决的满意程度，但该调查问卷不能对陪审员进行。

研究结果表明，法官和陪审团对其中 13% 的案件都同意给予无罪开释，对其中 13% 的案件都同意给予有罪判决，对其中 75% 的案件，双方能够达成一致意见。这些数据，经常为陪审团支持者所引用，但是，当对这些数据进行进一步研究后，却发现了许多令让人担忧的统计数字。详言之，在陪审团所做的有罪判决中，有 64.2% 的判决法官的同意率是 96%（占了研究样本的 62%），虽然法官与陪审团之间的差异率很小仅为 2.2%，但是这表明，此项研究中大约有 79 名被告人，可能被错误地给予了有罪判决。同样令人担忧的是，在陪审团给予无罪判决的 1 083 名被告人中，有 604 名会被法官给予有罪判决。如果这些数据同样适用于英国法庭，那么，每年就可能有 225 份有罪判决和超过 4 000 份无罪判决是错误的。据此可以明确地推断出，陪审团是无法理解证据的，而法官所做出的调查问卷中也说明，陪审团所审的案件中，确实有很多相当复杂的案件。法官认为，法官和陪审团对同一案件所做决定上的差异，可能是以下原因造成的：陪审团衡平（29%）、对被告的同情（11%）、证据事项（54%）、只有法官知道的事实（2%）、律师能力的差异（4%）。斯蒂芬森指出，即使忽略掉陪审团衡平、只有法官所知道的知识和律师举证的能力，那么有超过 14% 的陪审团审判，在法官看来是错误的裁决，原因是对证据的误解，或者是对被告额外的同情。正如卡尔文和蔡塞尔所言，对于那些被告人没有前科的案件，陪审团会比法官要更加仁慈，而且，陪审团很有可能会误用证明标准。

鲍尔温和麦康维尔采用了类似的方法，在伯明翰和伦敦这两个城市进行了研究，让参与审判的律师、警察、法官，完成相应的调查问卷。研究发现，对于无罪判决，法官及其他专家对其中的 32% 持有严重怀疑态度，对其中的

❶　Penny Darbyshire, Andy Maughan and Angus Stewart, *What Can the English Legal System Learn from Jury Research Published up to* 2001? (Research Papers in Law, Kingston University), pp32-33.

36%持怀疑态度，也就是说，只有不到三分之一的无罪判决被认为是公正可靠的；而对于有罪判决，其中的绝大部分即 88.4% 都是令所有被调查者信服的，只有 1.2% 的有罪判决令所有被调查者包括警察和检察官有些担忧。当然一般来说，对无罪判决持怀疑态度，总好过怀疑有罪判决，而且，研究也没有找到证据能够证明不正当裁决具有一个清晰明确的模式，例如陪审团衡平的适用，或者基于司法因素之外对合理性的考量，因此，陪审团的裁决质量，似乎还是可以被接受的。但是，斯蒂芬森进一步提出，陪审团的决定，至少应当具有稳定一致性，才能够证明陪审团是有能力胜任的。对此，麦凯布和普维斯进行了相关的研究，虽然这个研究规模较小，只涉及牛津刑事法院的 30 个案件，但是这可能是迄今为止最好的模拟陪审团研究，其中，参试者是按照与真正陪审团选拔同样的程序从选举名册中被挑选出，而且观看真正的审判进行审议（研究者能够观察其审议过程），最后将所做裁决送交研究者。但是，在已经被真正的陪审团裁定为有罪的案件中，有 23% 的案件，模拟陪审团裁定为无罪或者悬而未决；而对已经被真正的陪审团裁定为无罪的案件中，有 38% 的案件，模拟陪审团给予无罪判决。可见，其中相当大的一部分裁决，陪审团可能是基于猜测和直觉做出的，也就是说，陪审团所做出的裁决，并不具有稳定一致性，因此关于陪审团是否有能力胜任，是值得商榷和怀疑的。

（2）2001 年达比希尔研究

达比希尔等学者通过翻阅世界范围内（截至 2001 年）所有用英语写成的陪审团研究报告，并查阅了陪审员关于陪审团服务的个人信息记录，以及考察了英国以外学者所进行的关于交叉文化适用性的研究（大部分是美国人的）之后，总结得出如下结论[1]：

第一，关于陪审员个人如何进行审判和裁决，最流行的理论是核心故事模式。陪审员通过运用审判证据、个人之前的经历（根据真正陪审员的个人信息记录显示，不排除可能是错误的）等信息，从而构造编排出一个完整的叙述性故事。在英格兰和威尔士地区，真实陪审员的个人信息账户记录强有力地证实了陪审员裁决的故事模式。且研究发现，这种对抗制审判程序所采

---

[1] Penny Darbyshire, *Darbyshire on the English Legal System* (10th, edn., London: Sweet & Maxwell, 2011), pp567-570.

用的证据展示方式，对陪审员构建故事有一定的阻碍作用。第二，关于陪审员根据行为举止就可以很有效率地判断出证人的真实性这一说法，是值得怀疑的。真实陪审员的个人信息记录表明，许多陪审员都会受到同伴是否赞成或反对证人的影响。第三，虽然 *R. v. Turnbull* ［1977］ 一案已经允许法官对陪审团进行一种警告，亦即，即使是诚实且感人的证人，也可能会犯错，但是，美国的一些法官甚至还允许专家对于目击者证据的可靠性进行评估，以及对于不同类型的证据进行评估。第四，真实陪审员的个人信息记录表明，虽然某些证据已经被排除在故事构建之外，但他们依然会受到这种证据的影响，也会怀疑这一证据的真实情况。而且，陪审员有时会把陪审团审判视为一场游戏。第五，陪审员可能会不同程度地受到那些被告知要忽略掉的证据的影响，以及之前的有罪判决的影响。第六，共同被告人和多项控诉可能使陪审员感到困惑。第七，相较于单个陪审员，陪审团整体能更好地记住证据。但是，真正的陪审团有时会在陪审室中讨论审判证据内容之外的事情。第八，既然在还没有做出裁决的时候陪审团审查证据会更为彻底，那么就可以考虑在做出裁决之前，鼓励陪审团彻底地讨论证据（新西兰法律委员会也指出了这一点）。

（3）2010 年托马斯研究

学者托马斯（Thomas）于 2010 年出版了一本关于刑事陪审团裁决过程的公正性的重要研究。这一研究规模相当大，采用了多种交叉研究方法，包括在诺丁汉和温彻斯特进行的 68 个对真实陪审团的案例模拟、对英格兰和威尔士地区 2006—2008 年所有刑事法院超过 68 000 份陪审团裁决的考察，以及 668 份对已经做出裁决的陪审员的问卷调查。❶ 研究设立了以下一些基本问题：白人陪审团会歧视 BME 被告人吗？陪审员对被告人依然有种族主义固有倾向吗？陪审团裁决能够保持连贯一致性吗？对于某种控罪或者某种犯罪，陪审团真的很少给予有罪判决吗？陪审员能够理解司法指示吗？陪审员明白什么是陪审团不当行为吗？陪审员在意媒体对于他们所审案件的报道吗？网络在多大程度上影响了陪审团审判？以上这些问题，都是敏感且富有争议性的议题，而且这一研究也能够在不触犯陪审室秘密原则的基础上，为对陪审

---

❶　Terence Ingman, *The English Legal Process* (13th, edn., Oxford：Oxford University Press, 2011), pp248-249.

员裁决过程的理解提供一些方法和途径。❶

　　这一研究没有发现关于陪审团不公正的证据。研究结论包括：第一，全部由白人所组成的陪审团，对于 BME 被告人没有种族歧视倾向。例如，温彻斯特（是一个白人居住区）的白人陪审团对于白人、黑人、亚裔被告人做出了相同的裁决，但诺丁汉的白人陪审团（一个种族多样化地区，几乎所有的陪审员都是白人）在涉及一名 BME 被告人或者一名 BME 受害人时，很难做出裁决。也就是说，比起侵害一名白人，陪审团特别想要对侵害一名 BME 受害人的白人被告人做出有罪判决。第二，陪审团对常见控罪的有罪判决率，在 69% 到 53% 这一范围内波动，关于陪审团对于某些控罪很少做出有罪判决的说法，是不真实的。第三，关于陪审团对于某种犯罪行为很少裁决被告人有罪成立的说法，是不真实的。第四，比起白人被告人，BME 被告人更倾向于做无罪答辩。第五，相对于其在当地社区中的代表性，BME 被告人面对陪审团裁决的可能性是白人被告人的 3.5 倍。第六，对白人和亚裔被告人来说，有罪判决率是 63%；对黑人被告人来说，有罪判决率是 67%。第七，在所有的刑事法院中，比起在当地人口的比例或者 BME 陪审员的比例来说，BME 被告人的比例要更大一些。第八，布力费亚斯和温彻斯特的大部分陪审员都认为自己能够理解司法指引，但是诺丁汉的陪审员感觉自己理解起来有困难。实际上，如果法官完全用法律术语来做出指引，则只有 31% 的陪审员能够理解。但如果给予陪审团一份关于法官所做出的司法指引的书面摘要，将大大提高陪审员对法律的理解力。第九，有将近一半的陪审员不知道或者不确定，哪些属于陪审室中的不正当行为。因此，法官应当做出更多的指示，以经常提醒陪审员，何为不正当行为。

　　研究还发现：第一，对于那些关于陪审团是如何做出裁决的研究，《1981年藐视法庭法》第 8 条并不是一个障碍。第二，关于其他国家司法制度的研究，由于人们很容易误解，因此不应当依靠这些研究来帮助理解英国的陪审团制度。第三，总体上而言，陪审团是富有效率的，而且利远大于弊。第四，英格兰和威尔士地区刑事法院在 2006 年到 2008 年间的所有诉讼中，有 59% 的案件中被告人做出了有罪答辩，只有 12% 是由陪审团来裁决的。而在这些

❶ Cheryl Thomas, Are juries fair?, *Ministry of Justice Research Series* 1/10, February 2010.

由陪审团作出裁决的案件中，有 64% 经由陪审团做出了有罪判决，只有 0. 6%
是陪审团无法做出决议的（即陪审团不能做出裁定）。第五，有罪判决率与控
罪数量的关系如下，对有一项控罪的案件，有罪判决率为 40%；而对有五项
控罪的案件，有罪判决率为 80%。第六，与流行观点相反，在强奸案中，陪
审团的有罪判决率通常高于 55%（在 4 310 个判决中），明显大于无罪开释
率；而陪审团对于其他严重犯罪（包括谋杀未遂、过失杀人、故意重伤他
人）的有罪判决率，比起对强奸案件的有罪判决率要更低。第七，在与杀人
相关的犯罪案件中，陪审团对某些犯罪的有罪判决率最高（危险驾驶致死的
有罪判决率是 85%，谋杀是 77%），而对有一些犯罪却是最低（被胁迫杀人是
36%，过失杀人是 48%，杀人未遂是 47%）。第八，唯一能够影响陪审员做决
定的个人特性是性别，例如，在陪审团刚开始审议时，女性陪审员比男性陪
审员对被告人更为严苛。但是在审议过程中，她们更容易改变自己的决议，
而男性陪审员则很少会改变他们的决议。第九，审理备受瞩目案件的陪审团，
记得媒体相关报道的可能性，是审理普通案件的陪审团的 7 倍。普通案件中，
大部分陪审员只是记得审判过程中媒体关于他们所审理案件的报道，但对于
备受瞩目的案件，有 35% 的陪审员甚至记得审判之前媒体的报道，有 21% 的
陪审员说他们很难把媒体报道从自己的脑海中抹去。第十，负责审理高度关
注率案件的陪审团，到因特网上搜寻关于他们所审判案件的信息的可能性，
是审理普通案件的陪审团的 3 倍。而且，无论陪审团所审案件属于何种类型，
都有很高比例的陪审员会婉转地承认，其是在因特网上发现了关于他们所审
案件的信息，但并不是主动搜寻的。第十一，虽然媒体和因特网对案件有大
量的报道，但陪审团似乎还是根据证据和法律来裁定被告人有罪。❶

---

❶ Penny Darbyshire, *Darbyshire on the English Legal System*（10th, edn., London：Sweet & Max-well, 2011），pp567-570.

第八章

陪审团之改革

刑事司法制度主要的问题之一，就是司法成本的花费，因为这是节约型政府所必须关注的议题。因此，许多改革的最初动因，似乎都是缘于经费削减，而这其中最主要的就是审判失败的问题，例如，那些已经计划好的陪审团审判，却在最后一分钟陷入崩塌。仅在 1999 年，这种悬案就有 16 502 件，占到刑事法院所有审判数量的 22.4%。而在这当中，有 60.4% 的被告人在审判当天做出有罪答辩，有 15.7% 的被告人对改变后的控罪做出有罪答辩，其中又有 20.2% 的案件是由于控方证据不足。虽然通说认为，被告人之所以选择陪审团审判，是因为这样可以增加无罪裁定的机会，或者是因为对治安法院的不信任，但是 1999 年有 9 962 名被告人在选择了陪审团审判之后，又放弃改作有罪答辩，因为先前之所以选择陪审团审判，可能是为了能得到一些潜在的利益，但之后如果还是继续坚持陪审团审判，则有可能得到更加严厉的刑罚。❶

因此，为了减少司法成本，未来英国政府最有可能对两大方面进行改革，亦即谨慎行使被告人的审判模式选择权（对于两者皆可的犯罪案件），以及对某些案件采用法官单独审判（对于可公诉的犯罪案件）。

---

❶ 原因大致有二：一是被告人承认有罪的同时，也要求对控方的某些证据提出争辩；二是等待审判的时间是可以被计入服刑时间的，也就是说，会从最后被判处的监狱刑罚时间当中扣除，而且在等待审判时所被关押的地方，通常也具有更好的条件。

第一节　被告人审判模式选择权[1]

按照犯罪行为的严重程度，可将犯罪行为分成三大类，一类是轻微违法行为，也就是即决犯罪，如乱扔垃圾、未缴纳电视许可证费、乘坐火车逃票等。对于这类行为，只能是在治安法院由治安法官通过简易程序定罪处理，相应的处罚也多以罚金的形式为主。另一类是严重犯罪行为，也就是可公诉犯罪，如杀人、抢劫、强奸等。对于这类犯罪，只能送交刑事法院处理。当然，在审前答辩程序中，如果被告人表示认罪，则直接由法官负责量刑即可；但如果表示不认罪，则需要接受审判，且只能是接受来自陪审团的审判，而无权选择接受法官单独审判。还有一类是一般严重犯罪，如偷盗、危险驾驶等。这类犯罪顾名思义就是，如果治安法官对于两种审判模式表示皆可，则被告人有审判模式选择权，也就是既可以选择在治安法院由治安法官审判，也可以选择接受刑事法院陪审团进行审判。详言之，根据《1980 年治安法院法》第 19 条（*Magistrates' Courts*, 1980），由治安法官来决定对两者皆可审判的最佳处理方式。在做出这一决定过程中，治安法官必须考虑案件的本质即案件的严重性，即将处以的刑罚是不是适当的，以及可能出现在法庭上的其他情形。如果治安法官认为应当适用简易审理，且被告人也同意，则审判就在治安法院进行；但如果被告人反对简易审理，则案件就提交给刑事法院适用公诉程序审理。如果治安法官认为应提交刑事法院审理，则无论被告人的态度如何，都应提交刑事法院。也就是说，两种审判皆可案件处理的基本原则是，倘若治安法官或者被告人有一方认为该案应当在刑事法院听审，则应提交刑事法院。对此，《2003 年刑事审判法》沿承了这一基本原则。另外，如果两者审判皆可案件中的共同被告人对于是否使用陪审团审判存有争议，只要其中有一人认为应当适用陪审团审判，则全体被告人都必须适用陪审团审判。

---

[1]　Penny Darbyshire, *Darbyshire on the English Legal System* (10th, edn., London: Sweet & Maxwell, 2011), pp554-559.

其实，皇家刑事司法委员会早在 1993 年曾提出建议，认为被告人应当不再拥有选择接受陪审团审判的权利，若控辩双方在审判模式的问题上达不成一致，则这一决定应当交由治安法官裁量。紧接着，内政部于 1995 年发表了一份咨商性文件《审判模式》，通过对刑事法院和治安法院的调研，概括出三种意见：第一，将犯罪行为重新分类，将更多的犯罪归入即决犯罪。也就是说，只能在治安法院接受治安法官的简易程序审判；第二，取消被告人审判模式选择权；第三，被告人可以选择进入审前答辩程序，即为自己做有罪或无罪申辩。但最终，当时的政府选择了第三种观点，也是最不严厉的一种。也就是说，治安法官在决定审判模式前，应先确认被告人的抗辩。

政府原本希望借此能够将更多的案件留在治安法院进行审判。但是研究发现，虽然被告人倾向于选择到刑事法院受审，那是因为他们觉得这样获无罪开释的概率会更大一些，但是之后，很多人却在刑事法院改变了答辩予以认罪。被告人倾向于选择到刑事法院受审的另一原因是，他们误认为，即使被判有罪，刑事法院的法官也会给予相较于治安法官较轻的量刑。治安法官将许多案件送交到刑事法院，在那里被告人最终得到了量刑，而这原本也在治安法官量刑权的范围内。政府将此视为对金钱的巨额浪费，因为，治安法院的诉讼花费比起刑事法院的要便宜很多，这对量刑程序也同样适用。因此，多年以来，政府一直在积极寻求变革，希望能废除被告人关于选择陪审团审判的权利，例如 1999 年，当时的内政部长杰克·斯特劳向国会正式提交了刑事司法议案，其中提出，应当废除被告人特别是那些先前已经有过有罪判决的被告人的审判模式选择权，转而交由治安法官决定。但 2000 年，关于剥夺被告人审判选择权的第一次议案就遭到了上议院否决。于是，内政部转而将第二次议案作为替代议案，提出无论其先前是否存在有罪判决，治安法官在决定审判形式时，都应当对被告人的名誉予以认真考虑。尽管如此，这一议案在 2001 年再次被上议院否决。甚至接下来，在 2001 年大选之前，杰克·斯特劳宣称，要用国会法案来推进第三次议案的通过。但由于大法官奥德颇有深度的审查介入❶，使得他最终还是放弃了这一计划。正如达比希尔所言，历史在不断重演，近些年，政府多次提出相同的议题，即应当如何改变由于大量琐碎微小的案件涌入刑事法院进而造成的大量金钱和资源被浪费的现状。而且，法律对于陪审团的作用和地位也进行了一些有意义的改变。但是，在两者皆可审判的案件中，被告人依然享有选择审判模式的权利，在这一点上，则没有变化。

关于是否应当废除被告人关于选择陪审团审判的权利，各方一直争论不休。其中一些主要的代表性观点梳理列举如下。

（1）主张废除

被告选择陪审团审判权，并不是自古就有而不可更改的，它只是起始于1855年，与大宪章其实并无什么关系。1997年，有22 000名被告人选择了陪审团审判，然而，在对受害人和证人们造成了极大的不便、担心以及额外的花费后，他们中的大多数却又改变了原先的抗辩，转而认罪。很明显，这些可选择审判模式的案件，是已经过治安法官裁量并认为是适合于自己审判的案件，因此关于审判模式，应当是基于法院的客观评估，而不是被告人感觉怎样才是对他自己最有利的，如获得无罪开释的概率。被告人选择陪审团审判是不是为了保护其名誉，这是受到质疑的，因为，这些选择陪审团审判的被告人之中，有十分之九是在之前就已经受到过有罪判决的。大多数被告人选择陪审团审判是因为他们想要拖延诉讼程序，从而迫使刑事法院以较轻的罪名接受其有罪答辩，或者是为了拖延证人，或者是为了拖延刑罚的惩处。

---

❶ 大法官奥德在 *Review of the Criminal Courts*［2001］中建议，刑事诉讼改革的主要目标应是陪审团制度。在简易程序中，他建议如下：（1）陪审员在当地选拔中应当更具代表性。（2）除那些曾经有过刑事有罪判决（前科）的人和精神障碍的人继续不具有适任资格之外，应逐步取消不适任或者豁免条款；对于任何宣称不能够参加陪审团服务的人，应裁量给予其延期或者免除。（3）如果种族可能成为该案一项重要因素，则法律应当规定陪审团中有少数人种的代表。（4）虽然在适当的案件中，审判法官或者上诉法院应当有权力调查陪审室内不适当的行为，但依然不应当进行关于允许更多陪审研究的法律修订。（5）法律应当是明确的，必要时可以制定成文法，即陪审团无权在违反法律或者漠视证据的情况下而无罪开释被告人。（6）如果陪审团的裁决可能是不正当的，则检察官应当有权基于裁决的不公正或者不真实而提出上诉。（7）对于两者皆可审判的案件，被告应不再享有审判模式选择权。（8）对于适用公诉程序的严重犯罪，应继续将陪审团审判作为其主要形式。但是，在即将进入刑事法院的案件中，有四项例外：第一，基于法庭的需要，被告人应当有权选择法官单独审判；第二，在严重和复杂的诈骗案件中，由审判法官和另外两名从大法官所建立的陪审团中抽取的外行人士共同审判（如果被告人要求，法官也可以单独审判）；第三，少年法庭，由有适当层级的法官和另外两名有少年审判经历的治安法官组成，进行听审及裁判；第四，立法应当明确规定，由法官而不是陪审团来决定适当诉求的事项。

对于被告人的这些动机，辩护律师虽然予以否认，但实际上，被告人往往会在审判开始前的最后一分钟做出有罪答辩。最普遍的原因是，被告人丧失了接受陪审团审判的勇气。另外，几乎再无其他国家或地区能够像英格兰及威尔士地区这样，允许被告人有这样的选择权，比如在苏格兰，就是由治安法官来决定案件的审判地点。

（2）赞成保留

这一权利有助于提升民众对于国家刑事司法制度的信心。鉴于治安法官最为关注犯罪的严重性，公法上认为，为了保护被告人的名誉，应当继续允许其拥有选择权。因为，对于没有先前有罪判决的人而言，比起丧失自由，丧失名誉显得要更加严重；而那些未曾被控有犯罪的人，之所以会来捍卫这一权利，通常是因为担心自己有一天被无辜控罪时，自己也会想要这样的权利。因为许多被告人都相信，刑事法院的审判更为公平，而且陪审团审判的优点之一，就是陪审团可以做出与合法的证明有罪的证据相反的无罪开释。因此，如果选择在此接受审判，则获得无罪开释的概率会更大。详言之，如下：

首先，对于意欲保护初犯者名誉的建议，受到了国内自由组织和司法界人士的批评，认为这是一种狭隘的方式。批评者认为，这种建议有两个假设前提：一是假设由于之前存在有罪判决，所以被告人的名誉就变得不再重要；二是假设对于初犯者，相较于治安法官，陪审团能够为被告人提供更多的保护，因此应当允许提交给陪审团审理。那么问题是，如果陪审团比起治安法官更为公正，那么为什么会出现这一情况？以及，为什么这一额外的保护不能够面向全体被告人呢？

其次，无论是律师界还是律师协会，特别是黑人律师，强烈反对政府关于废除被告人审判选择权的计划，认为这是传统普通法权利的损失。被告人选择陪审团审判的原因是，他们认为相对于治安法院，刑事法院是更高级别的法院，他们看重在此获得公正审判的机会，也就是获得无罪开释的概率更高，以及有许多案件被法官驳回。而且，剥夺审判模式选择权会相当不利于黑人被告人。研究表明，虽然只有不到三分之一的白人被告人选择了陪审团审判，但选择陪审团审判的黑人被告人有45%。这也确实是一项明智的选择，因为治安法官中只有2%是非白人。内政部通过对莱斯特治安法院研究发现，相较于黑人被告人，白人被告人获得陪审团审判的可能性更大，接受快速羁押判决的可能性却更小。也就是说，那些认为被告人选择陪审团审判是为了推迟审判的观点，是没有经研究证实的。

再次，由于审前答辩程序的引入，以及《1994 年刑事司法与公共秩序法》第 48 条允许法官在量刑时将有罪答辩的时间作为裁量的因素之一，因此，那些通过推迟有罪答辩而获得了某些利益的被告人，不能再期望获得与那些早早做出有罪答辩的被告人相同的量刑幅度。且自从 1986 年开始，辩护律师就有义务对被告人做出上述警告。因此实践中，被告人对陪审团审判的策略性的选择也逐渐有所减少。

最后，有一些学者认为，陪审团审判自古就与生俱来地优先于简易审判，这是因为，控方对于那些要交由刑事法院审判的案件，确实会更加仔细地加以审查，由此经常导致控方放弃案件或者减少诉求，这表明如果由治安法官来决定审判模式，则他们将根据不充分的信息来做出决定。而且，相较于治安法官既是事实裁判者又是法律的裁决者而言，刑事法院的职业法官仅负责审查证据的证明力和可采性，并且治安法院的书记官，治安法院的刑事辩护事务律师通常并不熟知法律。一些批评家认为，治安法院被视为违警罪法院，而治安法官则被视为司法体制的一部分，因此，比起治安法官，陪审团更加具有社会和民主多元化的特点。

第二节　法官独任审判

民事案件正常情况下是由一名职业法官审判，另外，即决审理的轻罪案件也是由当地法院的法官单独审判。然而，对在刑事法院受审的严重刑事案件，不必经过任何讨论，就由一名先入为主的法官来直接决定有罪还是无罪，这显然是令人担忧的。因此历史上，英格兰和威尔士地区的可公诉犯罪，一直都是采用陪审团审判的方式。这样一来，有罪判决就至少需要 10 个人同意，而不是由 1 个人决定。严重犯罪的被告人有权接受同侪审判，并由陪审团决定有罪与否，这一原则实际上已具有宪法性地位，陪审团审判是民众参与刑事司法制度的主要途径，是民主制度的关键所在。正如大法官德夫林所言，陪审团是"自由之指明灯"。然而，陪审团也常受到批判质疑，甚至有人干脆将陪审团视为一种笨拙、不准确且耗费资源的司法工具。

实际上，若要降低陪审团审判的金钱成本和时间成本，还有很多其他的方法，例如，采用六人陪审团❶，或者采用混合陪审团❷，或者让陪审团在治安法院进行审判，而由治安法官负责量刑，或者删掉开场陈述这一环节，并允许法官仅就法律做出概述。另外，除了法官独审和陪审团审判，还有其他审判形式，如由一组职业法官进行，上诉法院王座法庭的刑事分庭以及最高法院，就是采用这种方法听审刑事上诉案件。但是，想要依靠多名法官来共同审理一审案件，则必将任命更多的法官，这会是一笔很大的开支，极易透支司法资源，必然会遭到律师的公开反对。

政府在《2002—2003 年度刑事审判法议案》第 7 部分（注：这是个议案，而不是刑事审判法）规定，可以由法官单独审而不必由陪审团审的可公诉案件，有三种情况：（1）被告主动申请；（2）由于案件太过复杂或者所需

---

❶ 传统上虽然没有明确的原因，但英国和美国的陪审团一直都是由 12 个人组成。而美国的一些州，会在某种案件中将陪审员人数降为 6 人，但这并不能得到世界范围内的支持，因为陪审团的目的是代表当地的民众，包括任何的少数民族。因此，缩减陪审团的人数规模，虽然只是一件简单的数学事件，但却降低了少数民族的代表率；另外，这种小型陪审团会导致陪审团裁决发生改变，因为样本数量越大，则误差概率也就越低，一个由 6 个人所组成的陪审团，通常也会导致裁决结果更加多样化。萨克斯认为，比起 12 人陪审团所产生的有罪判决错误率，6 人陪审团会产生更多错误的无罪判决。卡尔文和蔡塞尔也发现，一个 6 人陪审团所产生的悬案数量，会比一个 12 人陪审团所产生的少一半还多。费伊、加罗德和卡莱塔研究发现，在一个 10 人以上陪审团中，最重要的参与讨论者，也仅有 4 个人或者 5 个人，其他成员基本是在受主要发言人的影响。而在一个 5 人陪审团中，交流就像是一段对话，其他成员也会相互影响。虽然 2001 年有大量的法律期刊接受了这一观点，并认为将会对陪审团规模的改革产生影响，但多数学者认为，需要谨慎对待这种观点。

❷ 由一名职业法官和外行人士共同组成陪审团，这在大陆法系职权主义诉讼模式中比较常见，其中比较有代表性的，是外行人士占据大多数，从而减少职业法官的影响力。这种混合陪审团的好处是，可以克服因陪审员误解法律而产生的审判困难，但缺点是，外行陪审员倾向于同意职业法官的意见，从而使得审判成为一种顺从的过程。曾有一个由 8 名外行人士和 1 名职业法官所组成的陪审团，要求参试者在看完审判录像后做出审议前裁决，同时，也要求这名职业法官在审议前裁决中，不要在意正确与否，只要坚持少数派的裁定意见即可，结果发现，几乎每一个案件，陪审员们都改变了他们原先的裁决，转而同意了这名职业法官的裁决。虽然上述改革建议中有一些被适当修改后，很可能可以在英国得到推行，其中最大的障碍是，缺乏在英国的实证主义研究，但任何改革都需要试点。在英国，还有一种审判形式，是由一组职业法官和外行人士共同审判，即由除法官之外的 2~4 名陪审员进行审理，这主要适用于由治安法院上诉至刑事法院的案件。其中，4 名陪审员必须同时到场，但在对未成年人案件的上诉中，由司法部部长授权审理未成年人案件的两名陪审员必须到场，且法官席中必须包括一名男士和一名女士。理论上来说，所有法官席上的成员地位平等，但是当投票表决陷入僵局时，法官将投出决定性的一票。4 名以上陪审员，可以对除做无罪答辩之外的起诉案件进行审判，因此他们的出席对有罪答辩的听审来说，是极其富有效率的。

审判期过长；（3）陪审团有被恐吓的危险。上议院于 2003 年 7 月 15 日就这些条款进行了讨论，20 位议员做了发言，其中，只有 2 人支持政府，有 17 人认为这是对陪审团审判神圣性的严重侵犯。在经过长达三个半小时的讨论后，大法官们最终以 210：136 的大多数投票，驳回了以上三个条款（这是针对第 41 条的投票结果，但是由于讨论对象是第 7 部分的所有条款，所以对于第 41 条的否决，就相当于全部否决了这三个条款）。政府随即宣布，将对第 7 部分条款进行修订后，再送至下议院审核讨论。修改后的议案，放弃了被告人选择法官单独审判的权利这一条款，但是依然保留了其他两个条款，并且最终作为第 43 条（由于案件太过复杂或者所需审判期过长）和第 44 条（陪审团有被恐吓的危险）纳入《2003 年刑事审判法》。因此，《2003 年刑事审判法》第 43~50 条规定，对于某些在刑事法院受审的案件，可以不必经由法官和陪审团共同审判，而由法官单独审判即可。其中，第 44~47 条（如果陪审团受到侵扰则由法官单独审判）在 2006 年 7 月付诸执行。但是，第 43 条（严重或者复杂诈骗案件不采用陪审团审判）直到现在，也没有付诸执行。

另外，《2004 年家庭暴力、犯罪和受害者法》（*The Domestic Violence, Crime and Victims Act, 2004*）第 17~20 条，是对于某些满足一定条件的犯罪行为，可申请不采用陪审团审判的新颖条款，并于 2007 年得到生效执行，这一申请将由检察官负责。这三个前提条件是：（1）这一案件包含多项需要由陪审团审判的控罪，但是采用陪审团审判，又不具可操作性；（2）这些可由陪审团进行审判的控罪，可以被视为样本控罪；（3）基于司法公正的利益（第 17 条）。

一、赋予被告选择法官单独审判权

在英国，对于那些"必须送交"给刑事法院审判的可公诉罪案件的被告人来说，把接受陪审团审判说成是"一种权利"是不恰当的，因为被告人对此根本就没有选择权。也就是说，对于这些案件，以及被告人主动选择送交刑事法院审判的案件，如果被告人做无罪答辩，那么他将只能接受法官和陪审团的共同审判，而不能够选择法官单独审判（在美国称之为"法官庭审"）。但是，对于在治安法院接受审判的被告人来说，其既可能接受三名外行裁判者的审判，也可能受到一名职业法官的单独审判。当然，被告人不能够在二者之间进行选择。相较之下，在其他英美法系国家，包括加拿大的一些州、4 个澳大利亚司法辖区、新西兰、美国，都赋予某类案件被告人享有放弃接受陪审团审判而转由法官单独审判的权利。那么问题是，为什么被告人会想要接受法官独任审判呢？这是因为，在被告人看来，法官对于某些种类案件可能具有更好的处理能力，例如，对于涉及法医证据的案件，辩护律师更喜欢法官独任审判。因为法官不会轻易受到专家证据的影响，也更能意识到身份证据的危险性，且在听审关于性犯罪的案件时，也会更加客观中立。然而尽管如此，辩护律师仍然会支持被告人选择陪审团审判。因为陪审团可能更容易对被告人是否有罪产生合理怀疑。❶ 大法官奥德在对一些死刑案件中被告人的审判模式选择权进行调查后发现，在加拿大的一些省份，有高达90%的被告人选择了法官庭审。而在美国，对于控辩双方无法达成辩诉交易的案件，也越来越多地采用法官庭审，当然也有很多其他的被告人喜欢选择这种法官庭审，例如，那些相信自己是清白无罪，而又担心治安法院不能够正确理解复杂案件的被告人；想要更容易获得上诉机会的被告人；被控犯有公众尤为反感的性犯罪或者暴力犯罪等的被告人；认为法官比陪审团更加客观的未成年被告人；已经受到媒体负面宣传的被告人；依赖口供或者鉴定证据的被告人；熟知当地的低级别法官，并相信职业法官会做出更加公平审判的被告人。

大法官奥德认为，相对于许多陪审团审判，法官单独审判是一种更加简明、高效、公开的审判方式，因此，在法官同意的前提下，应赋予可公诉案件的被告人有选择法官单独审判的权利。法官在听审完诉讼双方的意见后，应做出决定。当然，如同美国大部分法院那样，法官应当受制于检察官的同意，而不会偏向于被告人的单方面选择。为了避免法官审判流于形式，在诉讼的早期阶段，被告人应当有选择审判形式的权利。如果是共同被告人，而其中有人不愿接受法官单独审判，最好的处理方式就是像新西兰那样，由法官来命令，亦即，要么全部采用法官单独审判的形式，要么一个都不允许采用法官单独审判的形式。政府接受了这一建议，认为确实应当赋予被告人选择法官单独审判的权利，并将其纳入《2002—2003 年度刑事审判法议案》中。但是，由于保守党和自由民主党的反对，第 41 条在上议院没有得到通

❶ J. Jackson, The Value of Jury Trial in Attwood and Goldberg (eds.), *Criminal Justice*, 1995, pp87-93.

过，因此，最终没能写入《2003 年刑事审判法》中。

二、对复杂诈欺案件采法官单独审判[1]

有相当数量的诈欺案件具有审判期很长（有时超过 100 天）、花费巨大和极端复杂的特点，而且，陪审团在理解证据上也存在很大的困难，因此多年以来，关于推动长期或复杂诈欺案件审判方式改革的呼声一直很高。关于这场改革的斗争，从 19 世纪 60 年代开始一直持续到现在，尤其是受到当时的首席大法官帕克的积极推动，并在 1983 年由法律委员会主席及首席大法官莱恩、大法官罗斯基尔、大法官黑尔什姆在一次哈姆林讲座中提出。同年 11 月，为推动诈骗案件诉讼审判方式的改变，确保诉讼程序达到公正、高效、经济的目的，政府组建了罗斯基尔委员会，该委员会经过研究后得出结论，诈骗类案件通常包含多名被告人和多项指控，而且案件的背景往往是高级金融和国际贸易的复杂领域，而这对于绝大部分陪审员而言都是极富神秘性的，而且会计的专业用语陌生难懂，证据经常包含有上百甚至上千份文件。限于陪审员对于案件的理解力，一般来说可以持续进行一个小时的概述总结。可见诈欺案件的复杂性程度已经超远出陪审员理解能力的极限。因此，在复杂诈欺案件中，应当废除陪审团审判，由一名法官和两名外行人士所组成的诈欺案件特别法庭来进行审判。这场讨论始于 1992 年，前后持续了一年多，到 1996 年麦斯威尔被无罪开释后，又再次浮出水面。之后由工党政府内政部长杰克·斯特劳在 1998 年的内政部咨商论文中正式提上讨论议程。后来，大法官奥德在法律评论中提出，复杂诈欺案件通常需要很长的审判周期，而陪审团的随机性本质却又加剧了这一问题；英国出庭律师公会也意识到了这一问题，认为对于此类需要长期审判的案件来说，很难找到合适的陪审团；严重欺诈案件办公室也曾多次抱怨说，若遇到复杂诈欺案件，经常会有很多陪审员将健康问题作为理由，申请推迟陪审团服务。

也有异议者，如沃尔特·梅里克强有力地驳斥了罗斯基尔委员会的观点，并得到了很多人的关注和支持。沃尔特·梅里克提出，罗斯基尔委员会忽略了证据专家对于陪审团的辅助作用，该委员会认为有些案件之所以没有被起

---

[1] Michael Zander, *Cases and Materials on the English Legal System* (10th, edn., New York: Cambridge University Press, 2007), pp543-548.

诉，是证据对于陪审团的复杂性所致。但是，根据 DDP 于 1983 年对于所有经手的诈欺案件的分析得出，没有被起诉的案件中只有七分之一是证据的复杂性所致。沃尔特·梅里克强调说，实践中有一个不成文的规定，即除非得到陪审团裁决，否则公民不应当受到超过短期的羁押。因此，在没有证据表明应当撤销对严重诈欺案件进行陪审团审判的情况下，以及所有诉讼程序上的改进还没有被充分考虑时，国会不应当废除这一宪法性权利。反之，如果设立一个特别法庭，律师和法官之间会变成简单的不可理喻的行话交易。审判应被置于普通公众理解力之下的功能，也会受到威胁。且将法官当作专家来信任，也是很危险的。更何况，司法标准应是一个普通公众的标准，而专家并非普通公众。因此，采用特别法庭来审理诈欺案件是不合理的。

政府对于罗斯基尔委员会报告的态度是，由于这一议题太具争议性，且缺乏陪审团审判的相关研究，因此建议将其暂时搁置，待一段时期之后再来讨论。从 1998 年 2 月开始，这项议题又被再次启动，于是，内政部发表了一份咨商论文来征询各方观点，也就是对于严重诈欺案件，是否应当对陪审团审判形式做出变革，以及如何变革。论文中还提到，上诉法院在 blue Arrow 案件中撤销有罪判决这一决定的理由，亦即，"由于该案卷宗的复杂性"，因此采用陪审团审判不具操作性且有失审判公正。此外，这篇论文涵盖了许多富有实际意义的改革建议，如特别陪审团、法官单独审判、特别法庭以及法官指导陪审团审判。自 1998 年 6 月以来，这些观点就引起了各方面的关注，但实际上直到大法官奥德在 1999 年 12 月被任命从事刑事法庭的审查工作之后，这一议题才得到深入的讨论。

（1）大法官奥德的报告

大法官奥德对关于长期复杂诈欺案件的陪审团审判的不同观点进行了总结。关于支持的观点是：陪审团审判是一项神圣的民主制度，且是严重犯罪案件被告人的一项权利；陪审团的随机选拔性能够确保审判的公正性和独立性；这类案件通常涉及正直诚实的问题，因此由多名外行人士所组成的陪审团进行审判，是优于一小撮职业法官的；没有证据表明，陪审团不能处理这一长期复杂案件，或者他们的裁定是违背证据的；对控辩双方当事人而言，陪审团具有公开、独立以及兼听则明的特点，而且还有很大的改进空间。关于反对的观点是：如果陪审团是被告人的同侪，那么他们就应当具有被控行为所需的专业或商业背景经历；大量复杂的证据卷宗可能使得这种关乎不诚实行为的案件很难被裁决；这种案件审判的长期性给陪审员的私人生活和工作造成不堪的重荷；审判这种案件的陪审团是不具有代表性的；这种案件审判的长期性，对被告人、受害人和证人来说都是相当大的压力；具有司法和法庭专业知识的法官或者专家陪审员，是公正、迅速地处理这些案件的更好人选；这种案件审判的长期性，不仅会大量花费纳税人的钱财，而且会过度耽搁其他案件的有效处理。

大法官奥德通过对以上正反两方的观点，尤其是对于特别陪审团、法官庭审、一组法官或者一名法官和外行人士的组合审判等观点进行综合的考察后，最终得出结论，对于严重复杂诈欺案件，应当赋予法官单独进行审判的权力，或者说是被告可以选择法官单独审判，对于法官的决定，任何一方当事人都有权提出上诉。但是，大法官奥德不赞成设立特别陪审团，这是因为，想要找到具备特殊资质的人员以组成陪审团，实在是太过困难，而且期待他们服务于这些长期审判，也是不现实的。因此，若组建特别法庭小组，则是对稀缺和有限的司法资源的过度浪费，且一直缺乏舆论支持。然而，对于这类案件是应由法官单独审判，还是应由法官和外行人士所组成的陪审团一起审判，大法官奥德一直犹豫不决，最后他得出结论认为，应当赋予被告人选择权，当然最终的决定还是应由法官做出。如果法官决定该案件应由外行人士所组成的陪审团审判，则在听取双方陈述后，法官应当从有专长的人员中抽取组成陪审团，但这应当限定在严重欺诈案件中。

（2）白皮书

政府在白皮书《伸张正义》中表示，有一小部分严重和复杂诈欺案件给陪审团造成了过大的压力，并且长时期的审判也让陪审团的私人生活和工作吃不消，但转而寻找一个特别陪审团，也并不总是具有可操作性，因此得出结论，对于这类案件，应当寻找一种更为高效的审判方式。政府在白皮书中拒绝采纳大法官奥德的观点，也就是对于一些特别案件需要采用法官和外行陪审团合作审判的方式，虽然对于这类人员的训练将会有助于诉讼程序的进行，但是，挑选和招募这些有资质的人员实在是太过困难，而且这意味着这一特别小组将会面临长期的审判工作。因此，政府在白皮书中建议，这类案件应由法官单独审判。与此同时，政府也就法官单独审判是否能够应用到其他的长期复杂案件这一问题，向各界征询意见。

（3）《2003 年刑事审判法》

政府在白皮书《伸张正义》中对大法官奥德的建议做出了回应，亦即，由于招募有复杂金融背景的人员实在太过困难，因此，政府建议采用法官单独审判的方式，也就是建议将《刑事审判法议案 2002-3》中第 43 条即因为案件的长期性和复杂性而采用法官单独审判的此类案件，付诸生效执行。但是，适用这一条款需要满足以下两点：第一，要考虑这类案件的审判对陪审团所可能产生的影响。由于这类审判的长期性和复杂性将会给陪审团造成相当大的困难，或者说这类审判将给某些陪审员的生活增加过重的负担，因此，基于司法利益的必要性进而采取法官单独审判的方式。同时，在对于某些陪审员的审判负担是否过重的这一问题进行裁量时，法官需要考虑很多因素，比如审判对他或她的工作和私人生活所带来的影响，以及对其身体和精神上的要求；再如被诉犯罪行为的严重性，以及被告人职业的敏感性。第二，陪审团所要面对的争点和证据，需要具有复杂性或者长期性或者两者皆有的特点，即由于金融和商业的特点，或者关系到财产或其他证据卷宗的特点，需要做出的安排、交易和记录等。

该条款在遭到上议院驳回后，政府又重新提起。为了使其得到通过，内政部部长戴维·布朗凯被迫做出了保证，除非关于处理这个问题的最佳方式有更进一步的商讨，并且需要上下两议院都给予正面的肯定，否则《2002—2003 年度刑事审判法议案》第 43 条不能得到生效执行。这一问题在 2006 年又被重新提了出来，也就是在 *R. v. Rayment*［2005］一案中，即著名的 Jubilee Line Case 案件。这个案件始于 2003 年 6 月 25 日，但到了 2005 年 3 月 22 日，也就是说在持续了两年多、经历了多次的耽搁和中断，以及花费了纳税人超过六千万英镑之后，中央刑事法庭最终宣布审判失败。❶ 之后，检察总长命令检察署就这项巨额审判惨败的原因展开调查。调查报告从总体上免除了陪审团的责任，也就是对于这个案件的不确定性的结果，不能归因于陪审团的能力或者行为。但是，报告也提出陪审员在长期复杂案件中不具备记住和理解

---

❶ 其中，有一名陪审员，因为被怀疑曾从诈骗行为中获利而被开除。还有一名陪审员，说他经济上无法负担继续审判。而同时，另一名陪审员说，他将要进行为期六周的休假。至此，审判只好宣告失败。

所有证据的能力。❶ 与此同时，严重欺诈案件办公室主任认为，法官单独或者与顾问专家一起审判的方式将更加有利于做出合理裁决，因此建议取消严重诈欺案件的陪审团审判，并认为某些案件的审判期限不宜超过六个月。

于是，2005 年 6 月，检察总长提议，提前实施《2002—2003 年度刑事审判法议案》第 43 条，并期望自 2006 年 1 月起生效。但是，遭到了律师界、法官界的共同反对，其中律师界认为，这场审判的失败原因是事前的准备不足，而非陪审团审判本身的问题。法官界如大法官伍尔夫认为，应当另行组织一场不超过三个月（例外情况下不会超过六个月）的陪审团审判，而非法官单独审判。为此，政府组建了一个审查小组，调查诈骗案件的起诉方式，并把调查的进程公布在网络上。同时，检察总长也要求与反对者进行紧急圆桌讨论，但没有成功。于是，检察总长还是撤回了该决议。虽然他仍然承诺，对于一些特别疑难复杂的案件，还是需要法官单独审判，但是最终，2006 年 3 月，他做出了让步，也就是说该条款不会生效。在关于诈骗议案的报告中，大法官戈德史密斯阐述说，试图寻找各方妥协的努力失败了，政府已经决定不再提前实行第 43 条，如果国会议程允许，将有一个新的议案代替之前的来解决此问题。此后，政府于 2006 年 11 月 16 日，又提出了一项单独的事项议案，即无陪审团审判的最初申请和审判本身，都需要经过高等法院法官的听审，但是，依然没有得到上议院通过。于是，政府于 2007 年彻底放弃了这一议案。

三、当陪审团受到干涉时采法官单独审判

政府在白皮书《伸张正义》中阐述道，对于企图威胁或者干预陪审团的行为，法官有权暂停审判，但是无权在没有陪审团的情况下继续审判。对此，政府打算进行立法，以赋予法官在没有陪审团的情况下继续审判的权力。这是因为，不管这种权力是否应当存在，但是那种情况下，陪审团有遭受到贿

---

❶ 报告阐释，陪审团的 12 位成员中，有 11 位经过了复查小组的面谈，当被告知案件之所以终止审判，是由于他们在长达两年的时间里没有能力记住证据时，他们感到很愤怒，这是因为在理解证据方面，他们整体上似乎没有表现出困难。例如，大部分陪审员坚持认为，他们从起诉时就很好地观察了整个案件的进程，而且他们认为自己对于争点以及 7 个被告人及犯罪行为之间的不同界限，有着很好的理解。甚至当案件审判崩溃瓦解时，自己对于证据依然有着很清晰的理解。然而事实上，虽然他们说自己明确地理解了证据，其实并不能证明他们实际上真的理解了，尤其是在长期复杂案件中，期望陪审团能够记住和理解所有的证据，显然有些不切实际。

赂或者威胁的严重危险是可被预见到的。实践中，当遇有此类情况时，法院通常都会命令警察保护陪审团，但这种保护有时不得不持续长达几个月，对于陪审员的生活无疑是极具破坏性和过度的侵扰。

《2003年刑事审判法》第44条规定，对于任何一个控诉案件，如果陪审团有受到侵扰的危险，则允许控方申请法官单独审判。如果诉讼同时满足以下两个条件，则法官可以命令审判在无陪审团的情况下继续：（1）有"现实的证据表明干预陪审团的事情将会发生"；（2）虽然努力想要去阻止和预防（包括警察保护），但是"这种发生的可能性还是客观存在的，以至于基于司法公正的利益有必要在无陪审团的情况下继续审判"，关于陪审团受到侵扰的现实危险性的例子，在这一条款中有所列举。第45条是关于法官根据第43～44条所做出的决定，控辩双方可以向上诉法院上诉的规定。第46条是关于对陪审团受到侵扰已经发生的案件审判的处理，亦即，在审判过程中如果将会发生陪审团受到干预的情况，则法官（行使普通法权力）可能因此而解散陪审团。如果法官是基于这些原因而解散陪审团，则法官必须通知控辩双方，对原因进行解释，且要允许控辩双方有机会陈述意见。之后，如果法官在考虑陈述意见后决定解散陪审团，并且侵扰已经发生，无陪审团审判对被告人来说是公平的，以上两个条件都满足，则法官应当命令在无陪审团的条件下审判继续进行，除非基于司法公正的利益，否则不能做出中止审判的决定。但是，如果法官没有做出中止审判的决定，则法官可以命令重审，而且如果他认为满足第44条的两个条件，则法官可以裁量决定重审是否应当在无陪审团的情况下进行。第47条是关于对于法官在无陪审团审判的情况下决定继续审判的决定进行上诉，以及对于法官决定在无陪审团的情况下进行重审的决定进行上诉。

英格兰长达四百年以来第一次对于严重刑事犯罪不采用陪审团审判的方式，就是在 *R. v. Twomey* ［2010］一案中。这个案件涉及2004年伦敦希思罗机场的一场持枪抢劫，四名被告人被控于2004年从希思罗的一个仓库中抢劫了175万英镑，其中一名叫 John Twomey 的被告人，这已经是他与本案有关的第四次审判。在第一次审判中，John 因突发心脏病，以致其他另外三名被告人，在 John 缺席的情况下，继续受审。在第二次审判中，陪审团不能够做出有罪确信。在第三次审判中，控方提交了一项关于严重企图干涉陪审团审判的证据，虽然该项证据没有展示给辩护人，法官还是中途暂停了本案的审判。这前三次审判，共花费 2200 万英镑。第四次审判于 2010 年 1 月开始，由于遇有陪审团受干涉情形，因此控方首先申请独任法官审判，但这个申请仍然被高等法院驳回。但是在上诉法院中，首席大法官做出批复，一旦陪审员的家庭受到了干涉，则这些保护陪审团的条款对陪审员个人而言就是强加给其的负担，这就完全不公平了。因此，大法官做出了采用法官独任审判方式的命令。最后，这名叫 John Twomey 的被告人，由特里西法官单独审判，而没有采用陪审团审判，被判决有罪成立。

陪审团审判作为英国长期坚持的司法原则，虽然一直在经受着工党政府和保守党政府精英人士的攻击，但是以上这两场诉讼，也就是废弃陪审团审判转而采用法官单独审判的做法，不仅是对于被告人权利的一种冲击，同时也是对于每个公民所坚持的立场的一种挑战。因此，这场诉讼一直受到多方的谴责，例如刑事律师协会对于《2003 年刑事审判法》第 44 条，一直强烈反对，认为长达 800 年之久的被告人享有接受陪审团审判的权利是至为宝贵的，这是削弱陪审团审判的前奏；再如法官，由于他们之前也多是律师出身，因此一般是陪审团制度的坚定维护者，因此对于上诉法院在本案中所做出的采用法官单独审判的做法，也持批评态度，认为这是一个不好的开端，不予推崇。

四、样本控罪采法官单独审判

《2004 年家庭暴力、犯罪和受害者法》引入了一种新的概念——"样本控罪"，亦即，在刑事法院由法官和陪审团共同审判的类似控罪，在得到有罪判决后，就成为样本控罪，此后，其他相似的控罪，便可以改由法官单独审判。根据该法第 18 条规定，若满足以下三个条件，则法官就可以裁量，同意控方所提出的由法官单独审判的申请：（1）起诉书中的控罪的数量，使得陪审团审判不具现实可操作性；（2）经过陪审团审判的每一个控罪或者一组控罪，能够被视为法官单独审判的样板控罪；（3）法官此命令的做出是基于司法公正的利益。

法官应当采取措施以便于陪审团审判，但是，如果这么做会使被告有可能逃脱应有的量刑惩罚，则不应这么做。如果法官同意了控方的申请，则这些类似控罪就由陪审团审判。如果陪审团对于其中某个或者更多的控罪判决被告人有罪，那么法官之后就应参照陪审团的裁决，就剩余的类似控罪对被告人进行审判，并根据所有的有罪判决对被告人进行量刑。此条款已于2007年得到生效执行。

五、未成年被告人案件

《1980年治安法院法》第24（1）条（*Magistrates' Courts Act*，*1980*）规定，18岁以下的被告人，犯有除故意杀人罪以外的应受到起诉的犯罪行为，应受简易审判，除非该行为属于特别严重的犯罪，而可能受到长期监禁，或者是和成年人一起被控，并且基于司法公正的利益，治安法官认为应当合并审理。大法官奥德曾公布，1999年共有5 000名未成年被告人在刑事法院受审，有将近1 000名未成年被告人在刑事法院接受量刑。大法官奥德提出建议，所有送交刑事法院审判或量刑的涉及未成年被告人的案件，都应当送交少年法庭，由一名法官和至少两名具有少年司法经验的治安法官来共同行使刑事法院的权力。当然，法庭应当有权进行不公开审判。虽然这类案件通过大量的媒体报道，被告人可能已经声名狼藉，但正常情况下，法庭应当有权像现在的少年法庭一样进行不公开审理，唯一的例外应是未成年人与成年人作为共同被告人的案件。

在 *R.*（*Venables and Thompson*）*v. Home Secretary*［1997］一案中，两名11岁的被告人，被判故意杀害两岁儿童的罪名成立。但是欧洲人权法院在1999年12月裁定，这两名被告人没有得到公正审判。由此可见，对于未成年人的审判，如果具有可操作性的话，应当在审判室内进行，其中所有的参加者都坐在同一位阶上，被告人应当被允许与其家人和律师坐在一起。并且考虑到被告人注意力的集中程度，审判应当采用被告人所能够理解和跟得上的语言进行。法官不应当穿着法袍和假发，并且法庭应当做好准备命令，参加者只限于少部分人。

政府在白皮书《伸张正义》中表示，大法官奥德关于考虑将未成年被告人脱离刑事法院审判的建议受到了各方的欢迎和支持。当然，被告人年纪越小，就越应当脱离刑事法院审判。但是，对于年纪稍大一些的被告人案件，若让其脱离刑事法院审判，还是令人担忧的。有一种建议是，给予刑事法院自由裁量权，以保留 16~17 岁未成年人案件的审判权。但对于未成年人与成年人作为共同被告人的案件，则需要政府来提供更进一步的处理方案。需要注意的是，《2003 年刑事审判法》中不涉及关于这个话题的任何条款。

第三节　结　论

在英格兰及威尔士人民的心中，陪审制"如同照亮自由之明灯"，拥有强烈的情感意义，在美国以及其他拥有类似英国司法制度的普通法系的国家，也是如此。这是因为，几个世纪以来，陪审团审判是英国司法制度的核心所在。

陪审团作为英国司法制度之核心基石，所受到的颂扬可谓源远流长。首先，随机抽取的 12 名外行人士作为案件事实的裁决者，是对抗国家的坚固堡垒。在"国家诉讼"案件中，对于受到不公正控诉的被告人，陪审团将给予无罪开释；在普通诉讼中，对于那些可能受到不公正控诉的，或者所适用的法律已不合时宜的，或者应当给予同情的被告人，陪审团可以给予无罪开释。在从事以上活动时，有可能违反法律或者需要使用衡平法，因此陪审团借由改变事实的认定来修正僵化而严厉的法律。正如卡尔文和蔡塞尔所言："陪审团在增强司法制度的自由裁量、衡平及弹性上，是卓有成效的。而且，陪审团减轻了法官创造先例的压力，从而在不必违反法律的前提下改变了法律。无论你是否像我们一样颂扬陪审制，你都不得不承认，陪审团是解决法律、衡平及无政府状态之间矛盾的绝妙方法。"❶

其次，将民主政治的人性化元素引入抽象冷酷的审判程序中，是普通民众参与司法以及防止职业法官专断的绝妙途径。德夫林大法官曾赞道："每一个陪审团，都是一个小国会，是民主的象征。"这种象征意义，一直为许多学者所小心地捍卫着。的确，外行人士参与到司法中，可以增强民众对于司法公正性的信心，尤其是民众亲自参与。如同考尼什所言："陪审制度最本质的优点，就是可以吸纳普通民众参与到司法中来，这不仅可以起到法制教育作

---

❶　Kalven，H. and Zeisel，H.，The American Jury，*New Society*，1966，p290.

用，而且由于案件是经由他们自己所做出的裁决，因此当他们再回到自己的生活中时，对于国家司法的公正性，就会抱有更大的信心，且予以尊重。"麦克尔唐尼进一步说道："陪审团服务现如今，既是全民共同的义务，也是权利。"虽然有人抨击认为，这是浪漫主义情怀，且缺乏宪政及法理基础，但大家都承认，陪审团作为参与民主的象征力量是很显著的，这也成为律师、学者、公民自由主义者、政客及民众捍卫陪审制度的有力武器。

然而，陪审制护卫派不得不面对的是，越来越多的事例揭露了陪审制的灰暗，例如，在 *R. v. Young*［1995］一案中，由于 4 名陪审员企图联系受害人进行"醉酒实验"，于是上诉法院命令，对被控双重谋杀的有罪判决进行重审。再如，2000 年 12 月的一场审判，在持续进行了 10 个星期后，有陪审员在庭审休息时发现（通过手机简讯），一位女陪审员与负责在审判期间保护陪审团的一位男性有"不适当的行为"，因此被迫第二次中止审判。第一次是由于发现陪审员在审议时玩扑克而被迫中止。据估，这场失败的审判共计花费了 150 万英镑。此外，陪审团的适用情形也在越发地减少，由于在刑事法院处理的全部案件中，71% 的被告人做出了有罪答辩，只有大约 1% 的被告人会接受陪审团审判。因此，刑事案件总量的 95% 是由治安法官处理的，而由陪审团决定的案件仅占很小的一个比例。当然，这也得益于新机制的创建，比如辩诉交易（即对于早期有罪做出答辩，并且接受由皇家检察官在警察阶段提出的关于证据交换的建议，可以减低刑罚），对于增加有罪答辩率一直是非常有意义的（对于民事案件，20 世纪初陪审团审判就几乎逐渐消失了，到现在，每年几乎没有出现陪审团审判民事案件）。因此，从决定刑事案件的比例上看，陪审团确实没有起到主要作用，但不能否认的是，从对于最严重犯罪案件的裁决上看，陪审团是具有重要意义的。然而，仅有的这一作用，也被刑事法院法官极富影响力的地位所削弱，以 2008 年为例，做无罪答辩的被告人中，有 60% 被给予无罪开释，而在这些被无罪开释的被告人中，有 29% 是在全部审判结束后由陪审团自行做出的；有 9% 是陪审团在法官的指引下做出的，原因如控方证据微弱；而有 61% 是由法官单独做出的，原因如控方没有关于犯罪行为的证据。❶

因此，多年以来有许多学者一直在致力于废除陪审团审判，至少是对其

---

❶ Judicial and Court Statistics 2008, Cm 7597, 2009, p124.

加以限制，例如达比希尔认为，英国司法制度一直受到很多的称赞，但对其的理论分析却很少。陪审团既远离了随机性的本质，也远离了普通大众的广泛代表性，甚至可以说，陪审团具有反民主、无理性和偶然性的特点，裁决的不稳定和秘密性，更是与法律原则相违背。当然，20 世纪的司法，不管是普通形式审判还是陪审团审判，都不能从总体上代表社会。但是，陪审团所追求的公平正义，却是一种以忽视法律为代价的方式，是一把可能会使无辜者蒙受不白之冤的双刃剑，如 *R. v. Clive Ponting*［1985］一案，以及一系列关于恐怖主义犯罪嫌疑人的误判。再者，陪审员可能会受到侵扰，一旦侵扰发生，不仅可能使得整个陪审团受到利用和控制，进而丧失所做裁决的公正性，也可能会导致审判陷入崩塌，从而造成司法资源的极大浪费。因此，关于藐视法庭罪的法律，以及与干涉陪审员相关的刑事罪名，是对意图不择手段的人的必要震慑。另外，比起证据本身，陪审员似乎更容易受到证据之外因素的影响，丧失司法公正所必需的客观中立性。有些陪审团中存在一些比较执拗的陪审员，他们之所以决定做出无罪判决，不是因为证据如何，有时仅仅是因为对警方的不信任，或者对当局者的反感情绪。每四个陪审员中至少有一个，会将对被告人的量刑作为裁量因素，有时甚至认为，应当做出一个附有量刑条件的判决。还有些陪审员有种族主义倾向，虽然白人被告人在种族主义冲突中袭击了黑人被害人，且不利于被告人的证据已经相当充分，但是，陪审团还是拒绝裁定被告人有罪成立。❶

笔者赞同达比希尔，认为她的评价是正确的，无论是学术界还是实务界，都应当竭力避免单纯感情用事地去维护陪审制，更不应将目光停留在陪审制度的神秘性进而忽视了治安法院的艰难现状。但是，尽管如此，她仍偏向了另一极端，她所分析和得出的结论是，媒体和学者过分夸大了陪审团审判的价值，陪审团的象征意义远超出其实际意义，而这种观点，也在不知不觉中误导了公众。对此笔者认为，虽然陪审团的民主性是一种观念上的象征，但是观念不仅仅存在思想领域，也实际地创造了现实的表现形式和效果，它至少为被告人提供了一种强有力的保护。另外，为了比较陪审制和治安法官的

---

❶ 还有许多事例能够证明陪审员极其容易受到自己对证人的判断和好恶的影响，例如，有的陪审员之所以坚持有罪观点，是因为觉得的被告人是不值得信赖的，而不是基于对证据的考量。再如，陪审员对法庭诉讼参加者也就是对法官、律师、警察和证人的态度，对裁量的影响力也相当大，特别是对于警察普遍的不信任感以及对于被告人的同情程度。

简易程序，达比希尔提出了两个问题，亦即，比起治安法院的简易程序，陪审团行使裁定权是否更加公正？以及，为什么大部分被告人会选择通过治安法庭处理？笔者认为，这些问题本身是高度中肯的，然而，她对待这些问题的态度是否同样中肯，却相当值得怀疑。例如，虽然她最初承认，关于恐怖主义犯罪嫌疑人的错误的有罪判决并不应归咎于陪审团，但之后她又控诉，认为陪审团不能够补救审前阶段正当法律程序的不足，并因此谴责陪审团不能够抑制危害国家的犯罪。她甚至认为，虽然治安法官也不值得称赞，但总好过陪审团，而且陪审团只是处理极小一部分案件。因此，废除陪审团不会给司法带来太大的损失。然而，还是有相当多的学者坚持认为，陪审制度在一些独特的情形下发挥了实实在在的效用，因而坚定地维护陪审制，例如，迈克尔·曼斯菲尔德曾针对伦西曼委员会报告中的观点撰写了一些文章，认为陪审制度是英国司法制度中最民主的组成元素，并且是专制主义最大的对手。

接下来，让我们将目光从学者转向社会公众。"被告仅接受来自同侪或者根据当地法律的合法的审判"是一项古老的权利，虽然在英格兰及威尔士地区接受陪审团审判的权利并不是一项宪法性权利，且陪审制也并不完美，甚至可以说还有很多内在缺陷，然而，公众却依然对陪审团有着极大的信赖：超过80%的公众相信，陪审团所做出的裁判是正确的，而且经陪审团审判所做出的判决，比起经一名法官所做出的，更为公正可信。这种在公众中所赢得的压倒性的支持，以及关于陪审团审判司法条款所做出的强有力的辩护都可以表明，陪审团在公众的心目中占有极其重要和特殊的地位。例如，2004年1月，内政部出版了一份关于"陪审员对陪审团制度的感觉、理解、信心、满意度"的调查报告（包含对6个法庭共361名陪审员的访谈）。❶ 其中，大多数陪审员认为，陪审团一直被视为公平正义审判程序的必要组成部分，并且陪审团的多元化一直被视为避免偏见和做出公平裁决的最佳方式。调查的主要结果如下：第一，大部分受访者在完成陪审团服务之后，对陪审团持更加积极的态度。虽然陪审团服务可能给他们带来较大不便，但所有受访陪审员都认为陪审团审判是刑事司法制度一个很重要的部分。第二，陪审员对陪

---

❶ Matthews, Hancock and Briggs. Jurors' Perceptions, Understanding, Confidence and Satisfaction in the Jury System: a Study in Six Court.

审团制度的信心，与其在诉讼过程所感受到的公平、公正，以及从不同角度看待证据的能力，有着密切关联。第三，陪审团代表着普通大众的观点看法，这也是陪审员对刑事法院审判充满信心的关键因素。第四，陪审员对于法庭人员的专业能力印象深刻，尤其是对法官的表现、责任和能力给予充分的肯定。第五，陪审员在理解方面的主要障碍是司法术语，陪审员觉得证据展示其实可以做得更加清晰。第六，有超过一半的受访者表示自己"很高兴"再次从事陪审团服务，而19%的陪审员回答说，自己"不介意"再次参加服务。他们认为陪审员的经历可以使自己对刑事法院审判有更好的理解，且对履行重要公民责任有更深的认同。❶

　　最后，用罗伯茨和霍夫所做的研究报告作为结论：调查问卷显示，当今普通法国家，特别是英国、美国和澳大利亚，虽然陪审团制度各有不同，且问卷所采用的问题和用语也不同，但令人惊奇的是，民众对于陪审团制度的总体回应是非常积极的，而且，陪审制的护卫者数量，明显多过反对者的数目，二者比例差不多是100∶1。这也就是为什么近半个世纪以来，每一次关于限制陪审团审判的提议，例如杰克·斯特劳曾反复试图废除两种法庭皆可审判被告人的审判模式选择权，却总是遭遇到来自社会各界广泛且持续的强烈反对。可见，当下英国，无论是政客、学者，还是普通民众，主流观点依然是支持陪审团。对此，笔者深表赞同，也许，正如考尼什所言，有相当多的，甚至可以说是大部分的民众，都在虔诚地信仰着陪审制度，而相关的改革如果忽略了这一鲜明的客观事实，无疑是非常愚蠢的。

---

　　❶　需要注意的是，虽然陪审制给他们造成了相当大的压力和不便，但大多数陪审员似乎都乐意接受这一制度。司法部每年都会对陪审员的期望、态度和经历进行调查访问，其中，陪审员被要求在法庭审判前、审判中和审判后的各个阶段，对所提供的服务进行评价。调查发现：（1）超过四分之三（77%）的陪审员说，他们对于陪审团服务的经历总体上是满意的；（2）87%的陪审员说，在他们来到法庭之前，对于陪审团召唤官的表现总体上是满意的；（3）之前参加过陪审团服务的人中，有40%的人感觉这次比上一次还要好，而14%的人感觉到更差；（4）94%的陪审员对于全体工作人员的礼貌和服务是满意的，并且认为工作人员对待陪审员是公正且敏锐的。然而，在等待成为陪审员所花费时间一项的调查上，只有43%的陪审员对此表示满意。可见，这一点正是令陪审员感到不满的主要原因。

参考文献

[1] Penny Darbyshire. Darbyshire on the English Legal System [M]. 10th ed. London: Sweet & Maxwell, 2011.

[2] Michael Zander. Cases and Materials on the English Legal System [M]. 10th ed. New York: Cambridge University Press, 2007.

[3] Terence Ingman. The English Legal Process [M]. 13th ed. Oxford: Oxford University Press, 2011.

[4] Gary Slapper, David Kelly. The English Legal System [M]. 12th ed. London and New York: Routledge, 2011.

[5] Carl F Stychin and Linda Mulcahy. Legal Methods and Systems [M]. 4th ed. Oxford: Oxford University Press, 2010.

[6] John Sprack. A Practical Approach to Criminal Procedure [M]. 10th ed. Oxford: Oxford University Press, 2004.

[7] Mike McConville, Geoffrey Wilson. The Handbook of The Criminal Justice Process [M]. Oxford: Oxford University Press, 2002.

[8] Paul Roberts. Criminal Evidence [M]. 2nd ed. Oxford: Oxford University Press, 2010.

[9] Malcolm Davies, Hazel Croall, Jane Tyrer, Criminal Justice [M]. 4th ed. Harlow: Pearson Longman, 2010.

[10] Richard Ward, Amanda Akhtar. Walker& Walker's English Legal System [M]. 9th ed. Oxford: Oxford University Press, 2005.

[11] Nicola Padfield. Text and Materials on the Criminal Justice Process [M]. 4th ed. Oxford: Oxford University Press, 2008.

[12] Richard Taylor, Martin Wasik, Roger Leng. Blackstone's Guide to the Criminal Justice Act 2003 [M]. Oxford: Oxford University Press, 2004.

［13］ Andrew Ashworth, Mike Redmayne. The Criminal Process ［M］. 4th ed. Oxford: Oxford University Press, 2010.

［14］ Sarah McCabe, Robert Purves. The Jury at Work ［M］. Oxford: Blackwell, 1972.

［15］ Mike Ashley. Taking Liberties: the struggle for Britain's Freedoms and Rights ［M］. London: British Library, 2008.

［16］ John Sprack. A Practical Approach to Criminal Procedure ［M］. 4th ed. Oxford: Oxford University Press, 2012.

［17］ P R Glazebrook. Blackstone's Statutes on Criminal Law 2012－2013 ［M］. 22nd ed. Oxford: Oxford University Press, 2012.

［18］ John Baldwin, Michael McConville. Jury Trials ［M］. Oxford: Clarendon Press, 1979.

［19］ Harry Kalven, Hans Zeisel. The American Jury ［M］. Boston and Toronto: Little, Brown and Company, 1966.

［20］ Mark Findlay, Peter Duff. The Jury Under Attack ［M］. London and Sydney: Butterworths, 1988.

［21］ Sean Enright, James Morton. Taking Liberties － the Criminal Jury in the 1990s ［M］. London: Weidenfeld and Nicolson, 1990.

［22］ Patrick Arthur Devlin, Baron Devlin. Trial by Jury ［M］. London: Stevens & Sons, 1966.

［23］ Valerie P Hans, Neil Vidmar. Judging the Jury ［M］. New York and London: Plenum Press, 1989.

［24］ Nigel Walker. The British Jury System ［M］. Cambridge: University of Cambridge Institute of Criminology, 1975.

［25］ W R Cornish. The Jury ［M］. London: Allen Lane The Penguin Press, 1968.

［26］ Reid Hastie, Steven D Penrod, Nancy Pennington. Inside the Jury ［M］. Cambridge: Harvard University Press, 1983.

［27］ Reid Hastie. Inside the Juror ［M］. Cambridge: Cambridge University Press, 1993.

［28］ Norbert L Kerr, Robert M Bray. the Psychology of the Courtroom ［M］. London: Academic Press, 1982.

［29］ Dulan Barber, Giles Gordon. Members of the Jury ［M］. London: Wildwood House, 1976.

[30] Geoffrey M Stephenson. the Psychology of Criminal Justice [M]. Oxford: Blackwell, 1992.

[31] Francis Pakes, Suzanne Pakes. Criminal Psychology [M]. Devon: Willan Publishing, 2009.

[32] Peter B Ainsworth. Psychology and Crime: Myths and Reality [M]. Harlow: Pearson Education, 2000.

[33] Ben Bowling, Coretta Phillips. Racism, Crime and Justice [M]. Harlow: Pearson Education, 2002.

[34] David Putwain, Aidan Sammons. Psychology and Crime [M]. London and New York: Routledge, 2002.

[35] Marijke Malsch. Democracy in the Courts: Lay Participation in European Criminal Justice Systems [M]. London and New York: Routledge, 2009.

[36] Brian Forst. Errors of Justice: Nature, Sources and Remedies [M]. Cambridge: Cambridge University Press, 2004.

[37] Anthony Musson. Public Order and Law Enforcement [M]. Woodbridge: Boydell Press, 1996.

[38] Steven A Hechter. Norms in a Wired World [M]. Cambridge: Cambridge University Press, 2004.

[39] James Oldham. the Varied Life of the Self-informing Jury: Selden Society Lecture Delivered in the Old Hall of Lincoln [M]. London: Selden Society, 2005.

[40] Michel Tison, Hans De Wulf, Christoph Van Der elst, Reinhard Steennot. Perspectives in Company Law and Financial Regulation: Essays in Honour of Eddy Wymeersch [M]. Cambridge: Cambridge University Press, 2009.

[41] George P Fletcher, Steve Sheppard. American Law in a Global Context: The Basics [M]. Oxford: Oxford University Press, 2005.

[42] Neil Vidmar, Valerie P Hans. American Juries [M]. New York: Prometheus Books, 2007.

[43] Esmein A. A History of Continental Criminal Procedure with Special Reference to France [M]. Boston: Little, Brown, and Company, 1913.

[44] Jeffrey Abramson. We, the Jury: The Jury System and the Ideal of Democracy [M]. New York: Basic Books, 1994.

［45］ Patrick Devlin. Trial by Jury ［M］. London: Stevens & Sons, 1956.

［46］ G M Stephenson. The Psychology of Criminal Justice ［M］. Oxford: Blackwell, 1992.

［47］ N Vidmar. World Jury Systems ［M］. Oxford: Oxford University Press, 2000.

［48］ Mike McConville, Geoffrey Wilson. The Handbook of The Criminal Justice Process ［M］. Oxford: Oxford University Press, 2002.